JN065713

ああ、鈍行鉄道人生

昭和・平成の鉄道員泣き笑い記

吉野孝治 著

アルファベータブックス

▲昭和 39（1964）年 12 月、千葉鉄道学園において初等課程第 7 回駅務科を修了した著者は、総武線小岩駅に「臨時雇用員」として配属され、その４ヶ月後に正式採用されて「準職員」となった。写真はその初等課程駅務科修了記念に撮影されたもので 2 列目右から 2 人目が著者。

▲イメージカラーの黄色に塗られた 101 系電車は著者が小岩駅に勤務していた昭和 40 年代すでに総武線を代表する存在。ホームに立っていても胸のすくような爽やかさを感じられる、房総と都会とを結ぶ洒落た電車に見えた（のちに車掌として乗務する）。写真は幕張～津田沼間。（撮影／佐藤哲哉）

第２章関連写真

▲昭和 44（1969）年１月、小岩駅に勤務して５年目に車掌試験に合格した著者は鉄道マンとして次のステップへ進むこととなった。写真はその養成課程である普通課程第８回特設車掌科教育中に実地訓練に赴いた一同で、２列目に立っている右から６人目が著者。

▲余暇の嗜みとして始めた文章書きであったが、やがて国鉄文学会へも出席するようになり、全国の会員たちと知己を得ることとなった。写真は国鉄文学会全国大会時の三役の一葉で、左から石井会長（九州総局長）、当時からプロの作家として活躍していた今井泉副会長、著者（事務局長）。

▲車掌から支社勤務となり、人事課での仕事にいくらか慣れた頃、著者はなぜか千葉鉄道管理局の局長秘書に抜擢された。その理由は今もってわからない。写真はその秘書時代。千葉駅長に栄転した鳥居元文書課長（左）と。

▲昭和 62 年４月、国鉄は解体され民営化された。写真はそれから間もない頃に船橋駅で撮影した 103 系車両。描かれたマークが従来の「JNR」を図案化したもの（ただし、それまでマークが表示されていたのは特急など特別車両だけ）から「JR」と変わっている。

第４章関連写真

▲千葉駅長室において事務係を含めた表彰を受ける千葉駅の面々。右から小鷲駅長、寺島副駅長、著者。小鷲氏には国鉄人事課時代から数えて都合３度もその薫陶を受けることとなった。[千葉駅首席助役時代]

▲安全研修会で立川飛行場にやってきた津田沼地区安全担当者たち。前列右から４人目が部外講師を引き受けてくれた鈴木康之機長、その右が著者。中列右から２人目濱崎係長。東京消防庁航空隊の２代目「ひばり」JA9610（アエロスパシアル SA365N）を背に。[津田沼地区指導センター所長時代]

第５章関連写真

▲平成７（1995）年３月、著者は両国駅長を拝命し、初めて駅長職に就いた。ただ、痩せていて貫禄がなかったせいもあり、仕事をしていても若い駅員と勘違いされることもしばしばだった。写真は新駅長戴帽式において。

▲両国駅にはかつて房総の玄関口として隆盛していた名残の立派な旧駅舎があり、その一部が巨大な駅長室として使用されていたが、支社長の一言で営業施設に転用されることとなった。写真は改装前の記念に地元町内会の皆さんと。この後、ビアステーション両国となった。

▲国鉄制帽着用例。小岩駅駅務係時代

●国鉄制帽

● JR 東日本助役用制帽

● JR 東日本制帽

● JR 東日本駅長用制帽

◀ JR 東日本駅長用制帽着用例（夏用の白い布を掛けている）。著者新浦安駅駅長時代

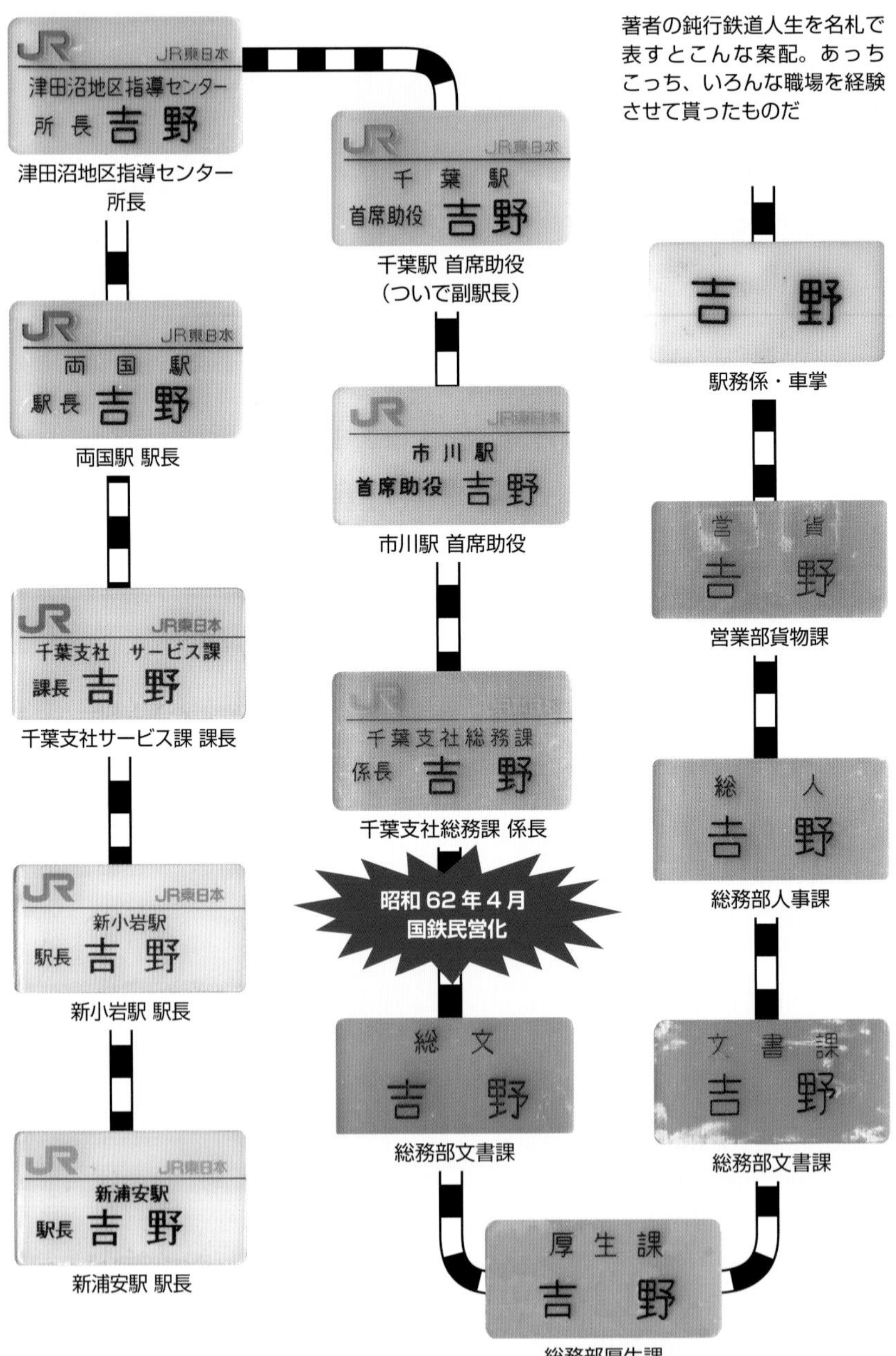

著者の鈍行鉄道人生を名札で
表すとこんな案配。あっち
こっち、いろんな職場を経験
させて貰ったものだ
JR JR東日本
津田沼地区指導センター
所長 吉野
津田沼地区指導センター
所長
JR JR東日本
両国駅
駅長 吉野
両国駅 駅長
JR JR東日本
千葉支社 サービス課
課長 吉野
千葉支社サービス課 課長
JR JR東日本
新小岩駅
駅長 吉野
新小岩駅 駅長
JR JR東日本
新浦安駅
駅長 吉野
新浦安駅 駅長
JR JR東日本
千葉駅
首席助役 吉野
千葉駅 首席助役
（ついで副駅長）
JR JR東日本
市川駅
首席助役 吉野
市川駅 首席助役
千葉支社総務課
係長 吉野
千葉支社総務課 係長
昭和 62 年 4 月
国鉄民営化
総文
吉野
総務部文書課
厚生課
吉野
総務部厚生課
吉野
駅務係・車掌
営貨
吉野
営業部貨物課
総人
吉野
総務部人事課
文書課
吉野
総務部文書課

はじめに

日本の鉄道ダイヤは、世界でもとりわけ過密でありながら正確に運行されるものとして高く評価されている。それはＪＲや大手私鉄、地下鉄でも共通である。

その一方、一分でも電車の到着や出発が遅れれば、その理由がなんであれ利用客をざわつかせることにもなっている。これも時刻通り正確に運行するのが「当たり前」になっている我が国特有の国民性のひとつといえるかもしれない。


本書はそんな日本の鉄道業界に、昭和の中期に旧国鉄の駅員として入社し、現ＪＲ東日本に平成の中期まで身を置いた著者が、その勤務経験や失敗談を如実に述べるものである。

舞台となる時代は、ようやく戦後の混乱期を脱し、高度経済成長期を経てやがてバブル経済を迎え、さらにその崩壊を見た頃。

この間に成田闘争、国鉄民営化という激動の社会情勢があった。

著者はその様子を国鉄における底辺的職種であった駅務係、若手の登竜門であり列車乗務員である車掌、人事課、総務課などの支社勤務、中間管理職であり駅長補佐となる助役、そして現場長となる駅長という、さまざまな立場で勤務した体験をもとに回想している。なお、鉄道職員には転勤がつきものというが、これほど多岐にわたる配置経験をした人物はなかなかいないといえよう。

その内容は、著者自身があとがきで述べているように楽しかったことよりも辛かった記憶のほうがより強く残っていて、多いようだ。

もっとも、後進にとっては成功例よりも先人の失敗体験のほうが興味深く、役立つことも多い。本書が鉄道関係者だけでなく、広く一般社会で読まれることを願ってやまない。


（編集子）

目次

本書の時代背景は昭和四十（一九六五）年頃から平成二十（二〇〇八）年頃となっている。

昭和の期間、とくに国鉄時代に関しては現在のコンプライアンスから見て不適当とも思われる表現もあるが、当時の認識や時代背景を反映したものとしてご了承いただきたい。

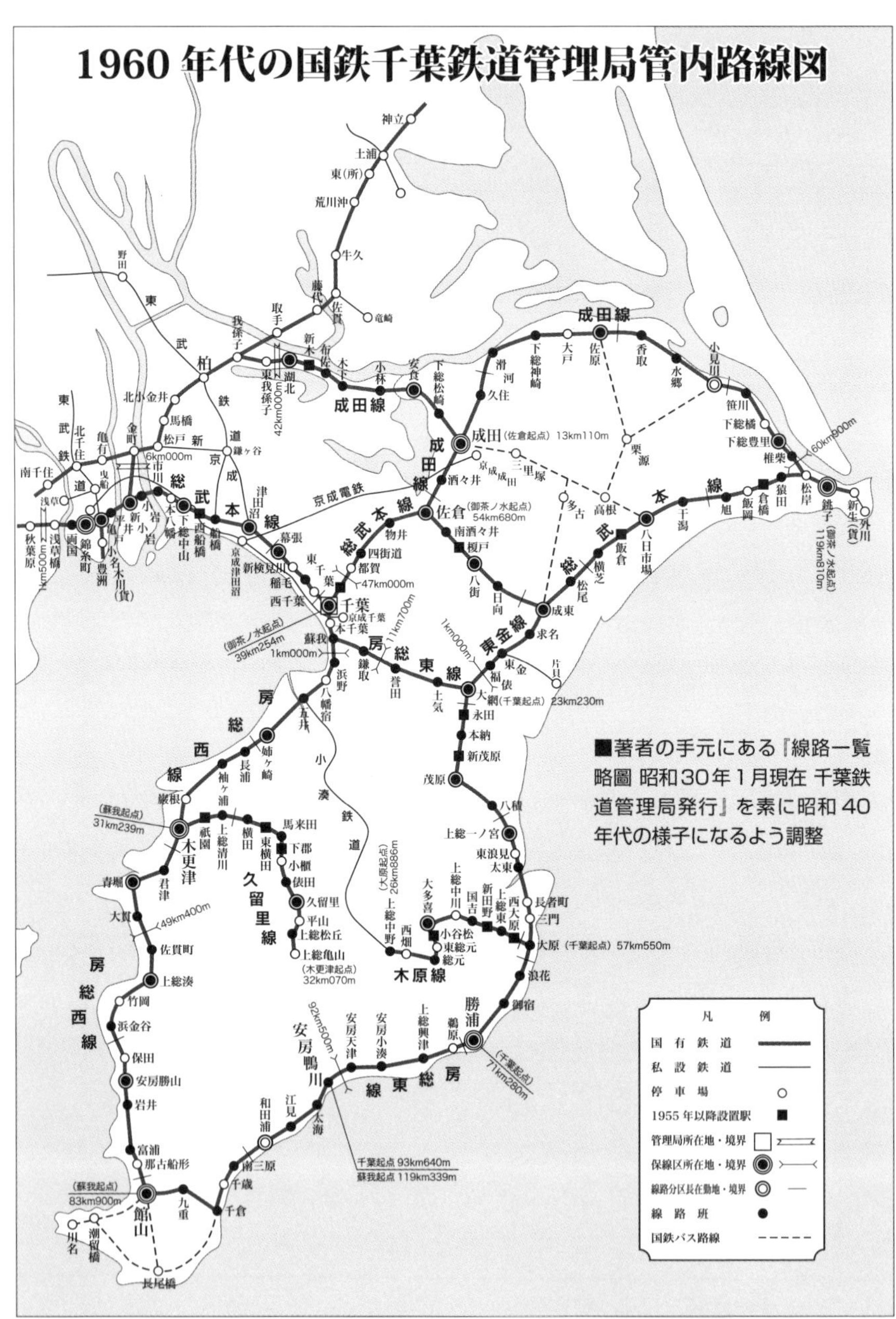

1960年代の国鉄千葉鉄道管理局管内路線図
■著者の手元にある『線路一覧略圖 昭和30年1月現在 千葉鉄道管理局発行』を素に昭和40年代の様子になるよう調整
凡例
国有鉄道
私設鉄道
停車場
1955年以降設置駅
管理局所在地・境界
保線区所在地・境界
線路分区長在勤地・境界
線路班
国鉄バス路線
成田線
総武本線
房総東線
房総西線
東金線
久留里線
木原線
小湊鉄道
京成電鉄
東武鉄道
千葉
成田（佐倉起点）13km110m
佐倉（御茶ノ水起点）54km680m
大網（千葉起点）23km230m
大原（千葉起点）57km550m
銚子（御茶ノ水起点）119km810m
（蘇我起点）31km239m
（蘇我起点）83km900m
（千葉起点）71km280m
（木更津起点）32km070m
（大原起点）26km886m
千葉起点 93km640m
蘇我起点 119km339m
（御茶ノ水起点）39km254m
42km000m
47km000m
11km700m
6km000m
1km000m
1km500m
49km400m
92km500m
60km900m
神立
土浦
荒川沖
牛久
佐貫
竜崎
取手
我孫子
柏
松戸
新小岩
錦糸町
両国
秋葉原
市川
船橋
津田沼
幕張
稲毛
西千葉
東千葉
本千葉
蘇我
四街道
物井
佐倉
酒々井
成田
久住
滑河
下総神崎
大戸
佐原
香取
水郷
小見川
笹川
下総橋
下総豊里
椎柴
松岸
銚子
新生（貨）
外川
南酒々井
榎戸
八街
日向
成東
松尾
横芝
飯倉
八日市場
干潟
旭
飯岡
倉橋
猿田
求名
東金
福俵
大網
土気
誉田
鎌取
永田
本納
新茂原
茂原
八積
上総一ノ宮
東浪見
太東
長者町
三門
大原
浪花
御宿
勝浦
鵜原
上総興津
安房小湊
安房天津
安房鴨川
太海
江見
和田浦
南三原
千歳
千倉
九重
館山
那古船形
富浦
岩井
安房勝山
保田
浜金谷
竹岡
上総湊
佐貫町
大貫
青堀
君津
木更津
巌根
袖ケ浦
長浦
姉ケ崎
八幡宿
浜野
五井
祇園
上総清川
東清川
横田
東横田
馬来田
下郡
小櫃
俵田
久留里
平山
上総松丘
上総亀山
上総中野
西畑
総元
東総元
小谷松
大多喜
上総中川
国吉
新田野
上総東
西大原
潮留橋
川名
長尾橋
栗源
三里塚
多古
高根

第一章　ああ、小岩駅

〜駅員時代〜

■雑務係（駅務係）の話

昭和三十九（一九六四）年十二月七日に日本国有鉄道（国鉄）千葉鉄道管理局の「臨時雇用員」として総武線小岩駅に配属された私は、昭和四十年四月一日に「準職員」として正式に採用された。

これが私の鉄道人生の始まりであった。

職務名は臨時雇用員の身分の時と同じ「駅務係」（この頃の「係」は「掛」という字を使っていた）。駅務係と言えば聞こえはいいが、一番下っ端の雑務係で、駅長事務室の「お茶くみ」、駅の「便所掃除」係というのが実態であった。勤務形態は「徹夜勤務」で、朝九時から翌朝九時までの二十四時間勤務である（この頃は、私たちにはこの一種類しかなかった）。

私の指導係になってくれたのは二年先輩の白井善一さんであった。七十歳をとうに過ぎた今もいろいろな面でお世話になっている先輩で、名前は善一と書いて「よしかず」と読むのだが、どこでも「ぜんちゃん」で通っていた。小太りの体格ながら詳細に亘って気が利くので、上司からは信頼され、同僚からも好かれる穏やかな人である。

新米の私はいろいろな業務を白井先輩から教わるのだが、生まれながら要領は悪いし、人に教わるとなるとついつい緊張してしまう。だから、何をやるにもメモを取るのだが、書くことに気を取られ、どうしても大事なところが抜けてしまう。そうなるとメモにメモの付け足しだから、だんだんぐちゃぐちゃになる。そのわからないメモを使って仕事をするのだから、どうにもうまくいかない。

なかなか業務を覚えられない姿に、業を煮やした先輩たちが「お前の指導係は誰だぁ、呼んで来ぉいっ」と、お鉢を指導係の白井先輩に持って行く。

▲著者の最初の勤務地となった当時の小岩駅。線路はまだ高架化されておらず、駅舎も木造。写真に見える建物の二階に駅長室や駅事務室があった。昭和43（1968）年撮影（写真／江戸川文庫蔵）

私の代わりにお小言をもらってきた白井先輩は決まって「よお、しのさぁん」と声をかけてくる。そして、ぼそぼそとした声で「あのさぁ、これはさぁ」とレクチャーが始まる。千葉の内房から来ているので房州弁をあからさまに使う。

そして、最後には「あんまり気にしなくていいよ、誰もが最初からうまくできる訳はないからね」と言ってくれた。後輩を気遣う先輩のその言葉は効いた。

失敗しても悪びれずにいたものの、自分がやらかしたことで先輩が怒られてしまうので、同じ失敗はしないように小まめにメモを取ることを心掛け、さらに自宅に持ち帰って書き直すようにした。

当時の小岩駅の駅舎は木造二階建てで南口にあった。一階には出札室（切符売り場）と改札室があり、二階は駅長室と駅事務室になっていて、その奥は泊り職員用の三十畳ほどの休憩室（寝室兼着替え室）があった。駅事務室も三十畳ほどの広さで、その奥に八畳ほどの駅長室があった。北口には小さな出札口（切符売り場）と改札口があり、その脇に風呂場が設けられていた。

駅務係の仕事に余裕はない。

朝九時に出勤し、制服に着替えて点呼を受けると、間もなく駅長や助役、庶務係へのお茶入れが始まる。駅長室へは誰も入るのを嫌がり、駅長から「誰かいるかね」と声をかけられると、直ぐに「お前行って来い」と助役も庶務係も互いに牽制し合って私らが行かされた。行けば駅長から仕事を押し付けられるのがわかっていたからである。しかし、私なんぞが行っても用が足らず、必ずまた助役か庶務係が呼ばれて入って行くことになる。そのときは決まって、「ちぇっ、役立たずが……」と言わんばかりに舌打ちされたものだった。

その頃の総武線はまだ高架化されておらず電車は地上を走っていて（高架化は昭和四十七年）、小岩駅も地上ホームの島式で二面四線があった（上りホーム一面、下りホーム一面で、それぞれのホームの両脇に線路がある状態）。上りホームの東京方の一線はホーム半分ほどが貨物線となっていて、五、六両の貨車が滞留できるようになっていた。貨物列車の連結、切り離し作業が週に一、二度行われるため、ベテランの操車係（貨車の連結を機関士に合図する係）と連結係が配属されていた。

また、駅を挟んで、上り東京方に一か所、下り千葉方に一か所の計二か所、小岩駅管轄の踏切があった。操車係と連結係は連結作業のないときは踏切保安係や改札係の補助、そして、ホームでの「客扱い」担当として、電車の発車の際、乗客の乗り降りの安全を確かめて、赤旗を絞り車掌にドアの閉扉を合図する簡単な業務も行った。

私たち駅務係は「お茶くみ」「便所掃除」等の雑用のほかはほとんどこの「客扱い」に従事した。

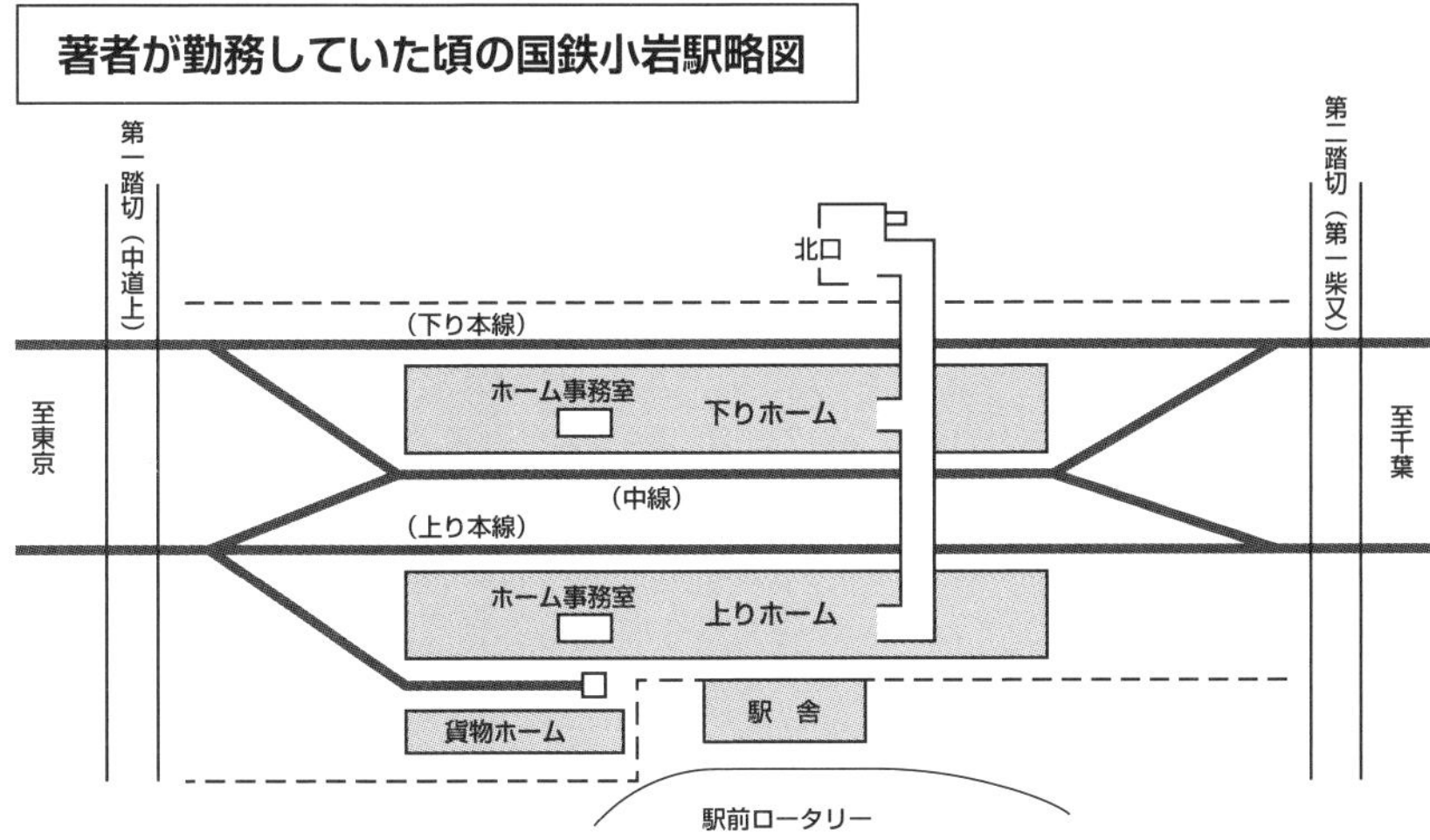

▲著者が駅務係として勤務していた昭和 40 年代の国鉄小岩駅。線路はまだ高架になっておらず地上を走っていた。駅舎は南口にあり、跨線橋で下り線用ホームへ渡った（北口には小さな出札口と改札口があった）。駅舎の２階には駅長室や駅事務室、宿直の仮眠室がある。駅のすぐそばにある２つの踏切は小岩駅の管理するもので、踏切警手の職員が手回しハンドルを操作して開閉していた。

この作業は一日中立ちっ放しなので足が疲れる。しかし、若い職員たちはホームに立つのが好きだった。この「客扱い」の間だけは助役や先輩たちから解放され、一人でホームに立って誰にも仕事を押し付けられないからだ。しかし、そうは言っても終電近くになると、疲れ切って足ががくがくしてくるので、ふくらはぎを叩いてなんとか乗り切るのであった。

平日の朝の通勤通学のラッシュは、来る電車来る電車みな超満員である。それでも乗客には乗ってもらわなければならない。ぎゅうぎゅう詰めの電車内に更にお客さんを押し込む駅員のこの仕事は、通称「尻押し」と言われた。「尻押し」はラッシュが終わるまでの一時間半、ホームに立ちっ放しである。

しかし、これが終われば非番（退勤）になるという解放感があり、ほとんど苦にはならなかった。若い職員たちは非番日（鉄道業界で言う「非番日」とは、休日のことではなく、泊まり勤務を終えて退勤する日のことを指す）の予定を頭に描いてウキウキしながら「尻押し」をしたのだった。

■列車の顔

駅のホームに「客扱い」で立っていると、行き来する列車にはそれぞれ特徴があることが分かった。『列車とは停車場（駅）外を運転させる目的で組成された車両をいう』と省令第二条第十三項に定められているように、駅の停留線に置かれたままの車両と違い、動きがある。

総武線の電車は十両全部が黄色一色であることから、通称「カナリヤ電車」と言われた。当時は一〇一系による車両編成であった。山手線からの二次使用ともいわれていたが、この電車はその頃の総武線の新型車両であり、ホームにもスマートにスーッと入って来る。ホームに立っていても胸のすくような爽やかさを感じられる電車であった。それはまさに房総と都会とを結ぶ、洒落た電車に見えた。

この頃の総武線のほとんどはこの一〇一系十両編成の電車であったが、ラッシュが終わる午前八時半過ぎに一本だけ、津田沼発御茶ノ水行の『クモハ四一形』などの古い電車が走った。この電車はこげ茶色の車体にゴツゴツした厳つい格好をしていて「古武士」のように感じられた。編成は六両で他の総武線電車よりも短い。あえて言えば、不器用な大久保彦左衛門のような電車である。この「古武士殿」は容姿そのままに、でかい前照灯をぐわぁっと頭に乗せて千葉方面からひょたひょたと走ってくる。そして、ホームに入って来ると、そろーっとブレーキをかける。が、ブレーキが効かない。慌てて更に強くブレーキをかける。だが、それでも効かない。うおっととととうっ、と所定の停止位置には滅多に停止できない。決まって、五メートルも六メートルも先に行き過ぎてから停まる。

▲著者が勤務していた頃、総武線はすでに黄色い 101 系が主力となっていたが、ラッシュ時には旧型の車輌がやってくることもあった。写真は昭和 38 年、古武士的な装いで津田沼付近を走行するクモハ 41 形。ブレーキが甘く、停車位置調整にも苦心していた。（撮影／伊藤昭）

この時間帯は通勤通学のラッシュが終わりかけの頃だが、それでもまだ多くの乗客が所定の乗車位置に並んで待っている。折角並んで待っていたのに、それを横目に「古武士殿」は停止位置のずうっと先に停まってしまう。乗車位置にきちんと並んでいた乗客たちは、仕方なく列を崩してばらばらと電車のドア口に駆け出して行って、ドアが開くのを待つのだった。

五、六メートルの停止位置不良なら良い方で、時には過走しすぎてホームの末端まで行って漸く止まることがある。ホーム中央にある「〇号信号」と呼ばれる信号も越えてしまう。

そんなときは駅の手前にある場内信号機に停止信号（赤信号）を「現示（点灯）」させてあとから来る電車を駅に進入できないようにしてから、当該の電車を「退行（バックすること）」させる。その作業は、信号係井上運転主任の腕の見せどころであり、その手際の良さは抜群であった。

こうした場合はまず、隣りの市川駅の信号所に

駅に関連した信号機の配置図

●鉄道の信号機は「進め」「止まれ」を表すだけでなく、その先に別の列車がいるかどうかを知らせる目的がある。信号機と信号機の間を1閉塞と呼び、1閉塞には1列車しか入れないようにして衝突を避けるのである。

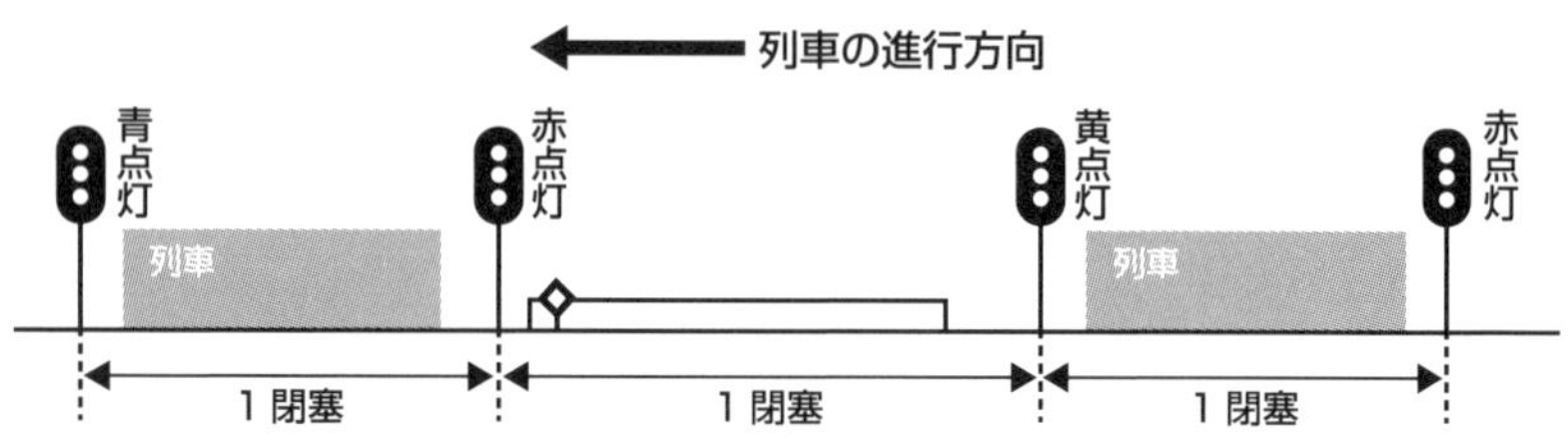

■一般的な駅の信号機

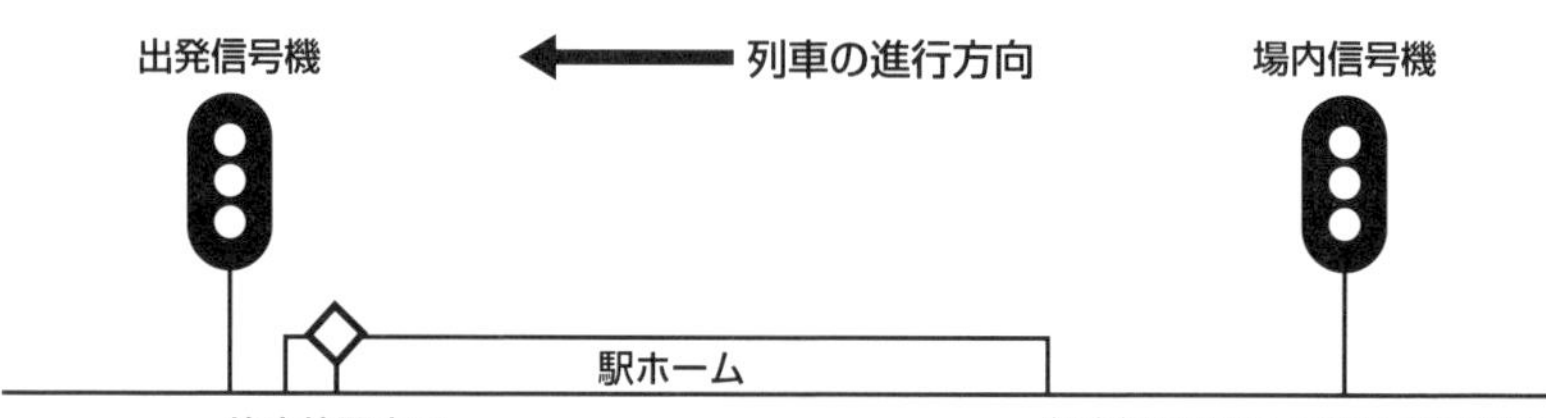

■0号信号機がある場合

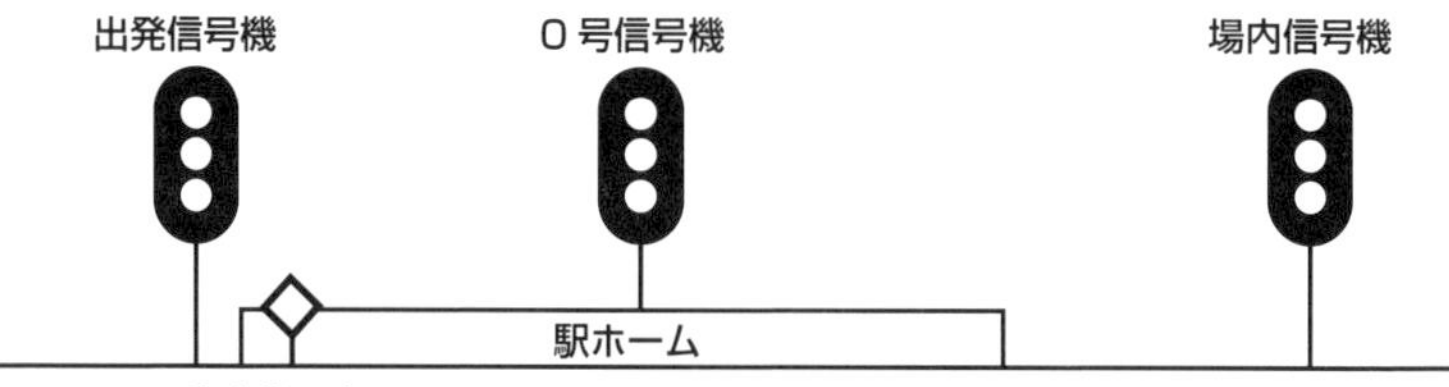

0号信号機を超えてしまった状態

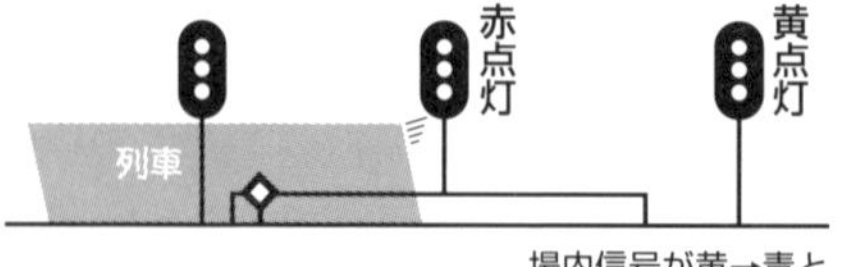

●0号信号機を超えて止まった場合にはその閉塞にはもう列車はいないとして場内信号が黄色（やがて青）になる。後続列車がこの閉塞に進入する危険を回避するため、信号係の出番となる。

列車の正しい停止位置

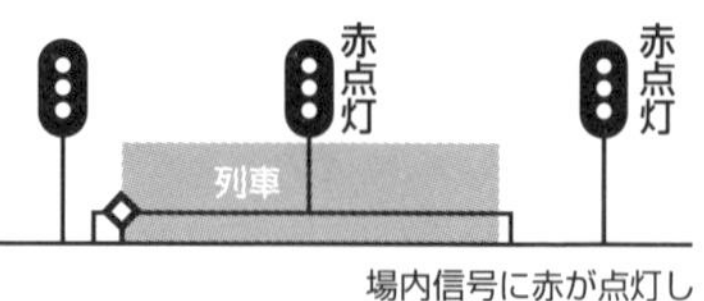

▲準急列車は両国駅から発車して房総方面へ向かっていた気動車で、じゃじゃ馬のようなおもむきがあった。写真の「水郷」は急行だが、車両そのものは準急で使用されたものと同一。（撮影／佐藤哲哉）

連絡して市川、小岩駅間に電車がないことを確認し、直ぐに場内信号機に停止信号を現示させる。その後、ホームの先端で止まっている「古武士殿」の車掌に「退行」してもいい、と連絡する。車掌が運転士に連絡して、漸く退行が始まる。

しかし、そもそもブレーキが甘い（効かない）「古武士殿」だから、今度は退行した先の停止位置も行き過ぎる。「往復ビンタ」というやつである。だから、車掌は本来の車両の停止位置にこだわらず、ドアがホームに掛かっていてお客さんが線路に転落しない位置に停車していさえすればドアを開け、乗客を乗り降りさせていた。すごく適当な運転捌きだった。そして、何事もなかったかのように平然として発車して行った。ひどい時には七分も八分も遅れ、早い時でも二、三分の遅れが常であった。

この頃は、房総方面、総武方面からの準急列車が小岩駅を通過していた。そのため、「中線」と称して、下りホームの一線を上り線下り線の両方に使用できる『追い越し線』として設けて、普通電車を「中線」

▲昭和 40 年代にはまだ蒸気機関車が貨物列車の牽引をしており、電化の中で都会を走り抜ける際には気を遣って煙を上げているように見えた。写真は昭和 44 年、ボイラー上の覆いが長い様子から「ナメクジ」の愛称をもつ、D51 形初期製造グループの 21 号機が牽く上り貨物。（撮影／矢崎康雄）

に入れて準急列車を通過させていた。

準急列車は両国駅から発着していた気動車で、クリーム色の車体に洒落た赤い線が入っていた。この頃はまだ房総方面の海水浴客の需要が多く、小岩駅を通過するときは「そこをどいてよ、どきなさいよ、私は『準』がついても急行列車よ。あなたたちとはちょっとちがうのよ」という顔つきで、ホームの中ほどまで来ると、決まって、ぶろぉろぉろぉーとエンジンを吹かす。その時が「そこをどいてよ、どきなさいよぅ、あたしは急行列車よ、準急よ」という表情を見せる瞬間だ。そして、この気動車の準急列車が通過した後は、「じゃじゃ馬」が通り過ぎたように構内が静かになったように感じられた。

貨物列車を牽引するのは皆さんご存じの蒸気機関車D51。D51は言わば「相撲取り」だ。煙突から煙をぶわぁぁ、ぶわぁ、と吐きながら走って来る。それでも都会に入って来たから煙は控えめにしているはずなのだが、機関車の黒い先端は相撲取りが頭突きをしようと突進してくるようだ。「そりゃぁ、おまえらぁ、どけどけぇっ、どかねぇと、吹っ飛ばすぞうっ」というように、どすどすどすっ、と重い足音を残して通過する。通過した後は、しらあっとして石炭の臭いだけを残して走り去る。

小岩駅での貨車の連結、切り離し作業があるときは、踏切が長時間閉まりっ放しになる。すると、蒸気機関車だから小回りが利かない。踏切で足止めされた利用客に大きな車体を小さく見せるその姿は「申し訳ないでごんす」というように、どっ、どっ、どっ、どっ、といいながら貨車を切り離し、また連結をして出て行く。はるか遠くまで煙をたなびかせて走る機関車は、いつまでもさよなら、さよならと言ってるようであった。

このように、機械であるはずの列車にも血の通った人間のようないろいろな顔があるように見えたのも、当時ならではの事だったのかもしれない。

■野菜サラダ五十円

駅における食事作りは、いままで家庭でそのようなことをしたことがなかった若い職員たちには苦痛であった。

昼食はほとんどの職員が自宅から握り飯や何らかの弁当を持参することが多かったが、弁当を持ってこない職員は自分でそれぞれ昼食作りをしていた。しかし、その頃の職員には荒くれ者が多く、中には、新入りの私たち若い職員に昼食のおかずの調達に「使い走り」をさせる人もいた。

特に河島という先輩は、昼食時になると決まって、

「おい、野菜サラダ五十円分買ってきてくれ」と声をかけてくる。

「えっ、野菜サラダ五、五十円分⁉」

「そうだ、俺はそんなにおかずはいらねぇから、野菜サラダは五十円分で十分だ」

「売ってくれますかねぇ」

「馬鹿野郎、それをお前が買ってくるんだよぅっ、」

大きな声で怒鳴られ、仕方なく駅前の商店街に出かける。

その頃、小岩駅の南口には『小岩駅南口商店街』があり、八百屋、肉屋、総菜屋、米屋などあらゆるものの店が並んでいた。

肉屋の店先には「野菜サラダ百グラム百円から」と表示されて売られている。

私は肉屋の前に行くと、周りにお客さんがいない頃合いを見計らって、顔を赤らめながら、

「す、すいませぇん、野菜サラダ五十円くださぁい」と、蚊の鳴くような声で頼む。

「あら、駅員さんね、いいですよ、野菜サラダ五十円ね」

と女将さんが、ちょっと噴き出しそうな顔をしながらも「駅員さんだからね」ともう一度言って売ってくれた。

東京の末端とはいえ、私からすれば『小岩駅南口商店街』は大都会である。

房総の田舎から出てきて見る東京の人、それも色白でちょっとふっくらと垢抜けていて、白い割烹着を着た中年の女将さんは、若い私には超魅力的で憧れにも似た美しさがあった。

それだけに、「五十円分の野菜サラダ」を買うことは恥ずかしく、泣きたいほどの格好悪さがあった。

しかし、そういった経験をしたのは私だけではなかった。

白井先輩が新米のときには、操車掛のW氏に「食パンのミミを買って来い」と言われ、駅前のパン屋に

▲小岩駅周辺には活気にあふれた古くからの商店街があり、若手職員たちは時に先輩らの昼食や夕食の買い出しなどに出かけた。写真は昭和 43 年に撮影された昭和通り商店街（写真／江戸川文庫蔵）

行かされた話を聞いたことがある。パン屋に行って初めて「食パンのミミだけ売ってください」と言ったときは、「値段がつけられねぇ」と怒られたそうだ。しかも、それは一度だけでなく、W氏が転勤するまで何回も行かされたという。

こんなふうに、先輩から頼まれるものは、どんなことがあっても買ってこなければならなかった。

今度は夕食である。

夕食作りは、改札職場は改札、出札職場は出札と、職場ごとに若手が作ることになる。どの職場でも米だけは持ち寄って買い溜めをしてあった。

ホーム事務室は信号所も兼ねていた。そこは新入社員を配属する個所で、それでいて信号係や連結係の荒くれが多い職場でもあり、食事は七、八人分を作ることになる。

「おい、吉野、今日の夕飯のおかずはなんだ」

「はい、魚を買って来て、焼こうと思ってます」

「なにぃ、さかなぁっ、俺たちゃ猫じゃねぇんだぞっ」

「じゃ、じゃあ、トンカツを買ってきて、カツ丼にでもしますか」

「そう、そうなんだよ、うまく作れよ」

そういわれて、肉屋に買い物に行く。夕食は肉類を基本にしないと先輩たちの機嫌が悪い。

だが、体調を崩していたり、痛風や胃をやられている人もいた。

すると、

「おい、今日のおかずは？」

「はい、肉を焼こうと思ってます」

「なにぃ、また肉ぅ、俺が肉を食えないのはわかってるよなぁ」

「じゃ、じゃあ、サバの干物でも買います」

「なにぃ、サバァ、そんなサバなんかじゃなく、アコウダイ、うん、アコウダイだな」

「この持ち寄り金じゃ、ちょっとアコウダイは買えないかも……」

「何言ってる。足らない分はお前が出しておけばいいんだよ。あとでその分俺が出してやるからさぁ」

そういわれて、しぶしぶアコウダイを買ってくる。

しかし、金のない私が仕方なく足した金はいつも返ってきたことがなかった。

ホーム事務室は、駅長事務室の庶務係が帰ってしまうので、当直助役の分の夕食も頼まれる。

その頃の小岩駅には、いかついがちょっと朗らかな大野助役と、小柄だが謹厳実直な石毛助役がいた。

謹厳実直な石毛助役はその真面目さゆえに誰もが苦手だった。仕事については心酔するほど好感を持てるのに、真面目過ぎて、どうしてもこちらの仕種が固くなる。

米は炊飯器で炊いておくが、おかずはその時の勤務の合間を縫って、温かいものを食べてもらうのが基本である。

だから、私たち若手は、電車と電車の「客扱い」の間を見計らっておかずをこしらえることになる。

石毛助役は夕食を頼むときと頼まないときがあった。それなのに、私のときに限って、「夕食を頼む」と声をかけてきた。それも私に直接頼まず、信号係の井上主任がそれを聞いておいて、知らせてくれるの

▲夏の小岩駅下りホームで客扱い（発車した列車の後部を指差確認。画面右が千葉の方向）中の著者。角度の関係でわかりづらいがホームと柵の間に下り線路がある。こうしてホームに立っている時は誰からも雑用を押しつけられず、若手職員たちがもっとも溌剌と働く瞬間であった。

であった。

助役の休憩時間は十八時半から十九時。その時間は、私の客扱いの時間と被っている。だから、電車が来るとホームに出て客扱いを行い、電車が発車すると急いで事務室に戻っておかず作りを続けることになる（現代の駅ではこんなことはしていません。あくまで昭和四十年前後のお話です。念のため）。そして、謹厳な石毛助役の勤務の日は、どの職員も作業ダイヤをきっちりと守る。だから、いつものようにおかず作りを手伝ってくれる人はなく、一人でこなさなくてはならない。そんな日は、決まってカツ丼であった。

トンカツを入れた手鍋に砂糖を少し、玉ねぎを少し入れて火にかける。電車の接近に慌ててホームに出ている。手鍋はコンロにかけっぱなしである。ホームの客扱いをして炊事場に戻ると、カツはこんがりと焦げている。確かに下火にしてホームに出たのに……。あわてて、卵をその上に割って、カツの焦げをなんとか隠して丼のご飯の上にそれを乗せる。

「吉野君、夕食を頼むよ」

石毛助役が駅長事務室から降りてきた。

「はい、ただいま出来上がりましたぁ」

と、小さなテーブルの上に出す。石毛助役はそれを少し食べると、うむ……といったまま、絶句。

「あぁ、今日はこのぐらいでいいや……」と半分ほどで食べ残す。

私はそれが申し訳なくて、すごすごとホームの客扱いに出たまま、石毛助役が駅長事務室へ戻って行くまでホーム事務室には戻れなかった。

■便所掃除

新米の駅職員の仕事はきつく辛かった。なかでも一番辛かったのが便所掃除であった。二十四時間勤務の拘束よりも、３Ｋ（通常はきつい、汚い、危険だが、ここでは、きつい、汚い、臭いだ）には泣かされた。徹夜勤務の日は二十二時に寝て、四時間の仮眠休憩をとり、翌日二時に起床である。寝ぼけまなこで起きると、直ぐにトイレ掃除だ。寅さんシリーズの映画『男はつらいよ 寅次郎かもめ歌』のなかで、松村達雄演じる定時制高校の教員が、国鉄職員が便所掃除の大変さを読んだ詩（濱口國雄作の「便所掃除」）を生徒たちに朗読する場面がある。その臭さといい、辛さといい、朗々と読まれた詩そのままである。

昔の便所は「ぼっとん式」である。起き抜けの鼻腔は溌溂としているから、その匂いは強烈でタオルで鼻や口を塞いでも卒倒するほどである。

掃除はまず、男子便所から始める。男子便所の小便用は一つ一つの「金隠し」はなく、長さ二メートル、幅一メートルほどの四角い溝を掘り、床からコンクリートを二十センチほど上げた足場があるだけの『三和土』であった。だから、小便用はバケツに水を汲んで、その水をざぶりと流すだけでよく、これは流した水が自分に跳ね返らないよう注意しさえすれば、その匂いもまあまあ持ち堪えることができた。

次は問題の大便用である。ぼっとん便所の匂いは強烈さだけではない。最大の敵は「金隠し」にへばり付いた糞である。これは小便のように水を流して簡単に落ちるようなものではない。頑固にへばり付いた糞は、柄のついたたわしでこすり落とさなければならない。そのときは、どうしても便器の中を覗かなければならない。この「匂い」と「現物」にはほとほと困惑した。

それだけではない。勢いよくたわしで「金隠し」を擦ると、剥がれ落ちた糞が飛び散る。だから、ゆっくりとやさしく、丁寧にこすり落とす。それでも、時にはぴゅっと微妙な音を上げて跳ねてくる奴がいる。慌てて避けるが遅い。ズボンだけならいい、顔に跳ねる。慌ててタオルで拭く。この匂いは、夏場だけでなく、冬の寒い朝でも変わらず、閉口した。

これが嫌で、何人もの若い職員が国鉄を辞めて行ったとも聞いた。辞められるものなら辞めたい。だが、私は房総の貧しい漁師の八人兄弟（四男四女）の末っ子。これが嫌で仕事を辞めて帰ってきたといったら、親父や兄に殺されるかもしれない。こんな臭さに負けてはいられない。

実は私には辞められない事情があった。国鉄で働く以前、貧乏の上、房総の片田舎では働き口がなく、それでも末っ子を手放す心配があったのか、早くに東京に出て結婚し、北千住で袋物製造業をしている長姉の家の二階へ住み込んで、小僧になったことがあった。毎日、朝六時に起床し、仕事が始まる八時には仕事場の掃除やその日の仕事の準備を整え、それから夜の八時頃までの長い仕事であった（この職人気質が、私の根性を叩きあげてくれた）。昼食後、決まって荒川の河川敷で、義兄とたった二人で三十分ほどのキャッチボールをして昼休みを過ごす以外は、ずっと家の中で仕事をする。義兄も本当は昼食後はゆっくりと昼寝でもしたいだろうが、友達もなく部屋に籠りきって仕事をする私に気を使って河川敷に出かけてくれた。休みは日曜日だけである。納品が詰まったときはその日曜日も半日仕事をした。やがて、その家内工業も七人ほどで作業するほどになったが、義兄の子らは皆女の子だったから、私がこの仕事を継いでくれるのではないかと、義兄も長姉も秘かに期待していたようだ。

姉の家に入って一年ほど経った頃には、仕事はまぁまぁ半人前となっていたと思う。小僧のような仕事だが、長姉の家であるし居心地は悪くはなかった。だが、その頃の私は「家出」ということになぜか憧れていた。田舎に住んでいて「家出」でもしたら、近所の物笑いの種になり、漁師になった兄たち（兄は三

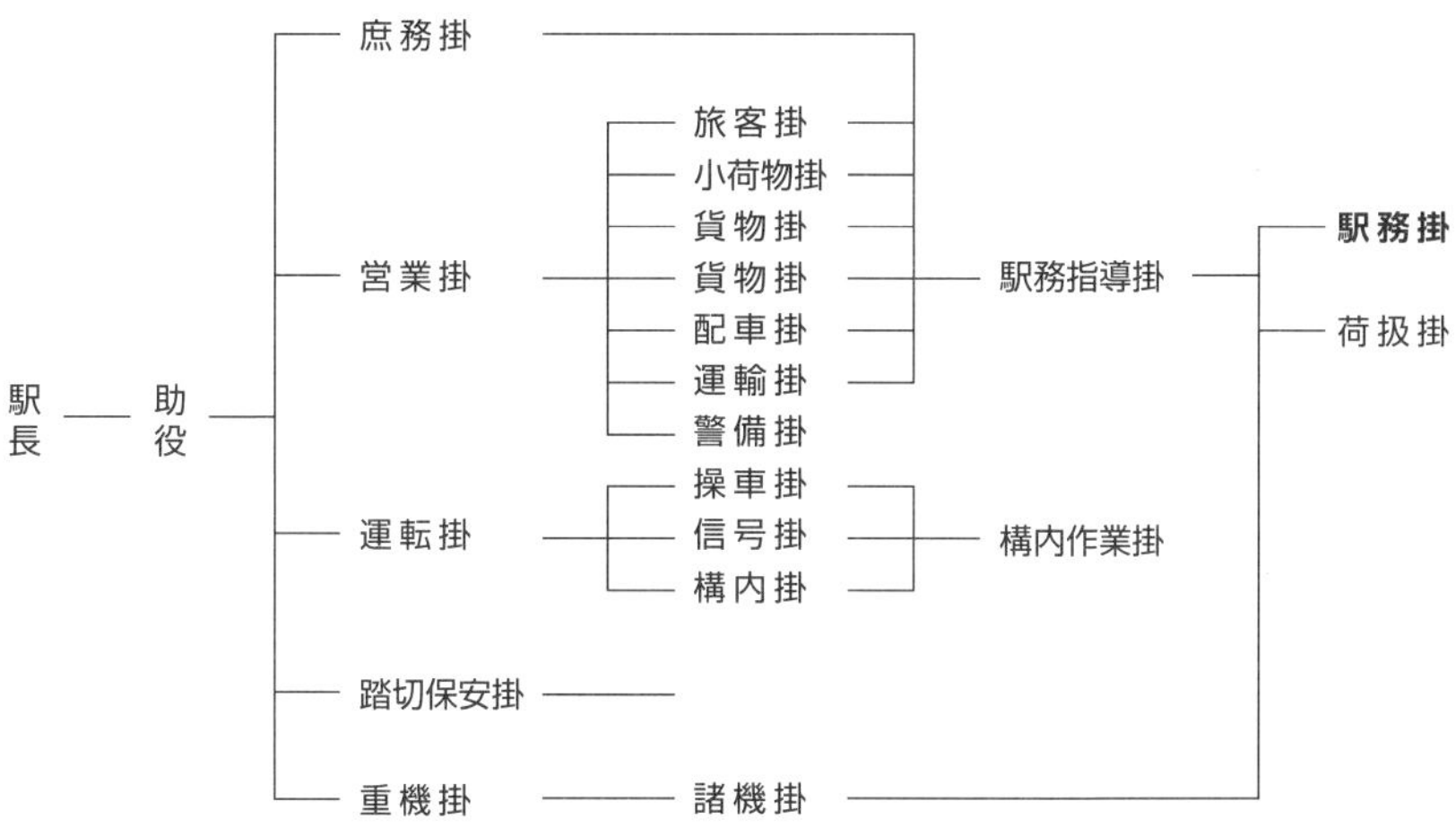

▲著者が勤務していたころの国鉄の駅はこのような組織だった。駅務掛は最下層の社員で、ありとあらゆる雑用もその仕事となっていた。日本国有鉄道作成『業務の手引き　駅務掛編』より調整。

人とも漁師）に、みっともないと半殺しにされかねない。

しかし、私は「家出」なんていうのは若い時にするものだ、と決めていて、一度は試してみたかった。また、荒川土手の三キロほど上流には三姉がやはり結婚していて雑貨の自営業をしていた。

そしてある初秋の夜、私は「家出」を決行した。荷物は下着だけを小さな段ボールに入れ、二階からひもを吊るして、脱出した。

その日の荒川土手の夜は涼しく清々しさすら感じていた。

しかし、その夜、三姉の家にたどり着くや否や直ぐに発見されて連れ戻され、田舎にも連絡されてしまった。万事休すである。

翌日、親父の一声で勝浦に帰された。「家出」まですするとはよほど嫌だったのだろう、と、長姉たちの立場も危うくさせてしまった。

ただ、「他人の釜の飯は一度は食わせろ、人生の厳しさを味合わせろ」と言っていた親父は、末っ子を遠くへ出したことへの後悔の方が大きいようで、実家に帰っても何も言われなかった。

隣町の産院で私を出産した母は退院する際、産院の先生から「この子は小さすぎて助からないかもしれない」と言われたという。さらには親父の引くリヤカーに乗って家の近くまで来ると、近所の叔母さん連中が駆けつけて母に抱かれた私を見るなり「なんて小さい子なんだろうねぇ、これじゃあこの子は大きくならないだろうねぇ」と口々にお祝いとも諦めともわからない声がかかったとも。そんなあきらめかけた末っ子が大きくなり、都会に出した悔いが残っていたのかもしれない。

その後の我が家では気儘にすることができた。ただ、兄たちは常に別格の私をみて、羨ましがっていた。それから一年ほどして国鉄の入社試験があることを叔父から聞いた私は、いとこととともに受験し、臨時雇用員として採用されたのである。

そんな経緯があるから、意地でも国鉄職員として頑張らなければならなかった。


さて、その頃の駅の掃除に付き物だったのが「たんつぼ」である。当時は乗客のマナーが悪く、ホームや階段、通路のどこへでもたんやつばを吐くので、それが少しでもきれいになるだろうと駅構内の至る所に「たんつぼ」が置かれていた。

その「たんつぼ」は、丸いホーローでできていて大きさは直径二十センチ、高さが三十センチほど。その上に吐かれたたんやつばが落ちて行くように斜めになった蓋をして、その蓋の底に穴が開けられていた。「たんつぼ」の中には少し水が入れてあり、たんやつばがつぼの中で浮くようにしてあった。その中には煙草の吸殻も捨てられるから、鼻を突くような悪臭を放つ。それを集めて掃除をしなければならない。時には意地の悪い先輩により前日に満々と水をはられて置かれた「たんつぼ」もあり、その重さと臭さにほとほと閉口した。

小岩駅の「たんつぼ」は下りホームに四つ、上りホームに四つ、そして、北口改札に一つ、南口改札に一つ、跨線橋に一つと、計十一個も置かれていた。島式のホームの末端近くに置かれていたものは、駅舎脇の便所の水道まで持って行って洗わなければならない。

冬の明けきらない朝、寝惚けまなこで駅中を駆け回り、固いゴム手袋をしてそれらを両手で集めて回る。冬の朝は寒さで手がかじかんでいるうえに、跨線橋の階段は凍って滑りやすくなっている。下りホームの「たんつぼ」を両手に持って、一気に跨線橋の階段を上り切る。その頃には手の力も限界になる。若いから少しでも早くこの嫌な掃除を終わらせたい。今度は急いで下り階段を降りようとした。そのとき、足元が滑った。慌てて右手に持った「たんつぼ」を放して階段に手を着いた。すると、もう一つの「たんつぼ」からもしぶきが跳ねる。あわててそれも放す。こうして二つのたんつぼはガランガランと音を立て、汚物をまき散らしながら階段を落ちて行く……。私は倒れたまま、茫然としてそれを眺めるだけであった。

この後、初電が来るまでに、ホームの清掃もやり終えなければならない。掃除を早く終わらせればその前に休憩時間が確保できるが、これでは逆に仕事を作ってしまったことになる。近くの水場からバケツに水を汲んできて、それをきれいに洗い流さなければならない。寒さと臭さが入り混じった悔しさに泣きそうになって洗い流し、「たんつぼ」掃除を終える。

この「便所掃除」と「たんつぼ掃除」は、いまでも同僚、先輩たちが集まると苦臭の話の種になる。

■水風呂の話

駅務係の雑用は多い。駅長室の清掃、駅長、助役へのお茶くみ、来客へのお茶出し、夕食づくり、泊まる職員の布団敷、特に夕方は風呂を焚かなければならなかった。

十九時過ぎにホームの客扱いが終わると、駅長事務室に上がり、助役がガリ版で仕上げた出札の売上げや改札の売上げの駅収入を記入し、明日の引継点呼で全職員に配る『駅報』なるものをガリ版刷りで印刷する（コピー機はまだ駅にはなかった）。その次は北口の改札室脇にある風呂場に行き、石炭で風呂を沸かさなければならない。

風呂焚きには誰もが苦労させられたが、一度しっかりと火がついたなら焚口一杯に石炭をくべておけば、後はそのままで、いい湯加減になっていた。だから、最初に火をしっかりと焚いておきさえすればなんら問題はない。もっとも、火をつけても途中で風呂焚きの状況を見に行く時間はなかった。掃除や雑務が多いため、その時間が滅多に取れないのだ。

ところが、石炭だから、入れすぎると湯加減は熱くなる。

白井先輩は夏場の暑い日に、くべる石炭の数を忘れて、いつもより多くくべてしまったことがあった。たまたま風呂場に通りかかったとき、先輩が風呂に入るのを見たので、挨拶代わりに「湯加減はいかがですかぁ」と声をかけたら、「この野郎っ、こんなに熱くっちゃ入れねぇ、早く消防車を呼んで来ぉいっ」と怒鳴られ、素っ裸の先輩とともにあわてて水を汲み入れたという話もある。

冬のある日、昨日からの雪が雨になった。その日も私は同じように新聞紙に種火を付けると、その上に木っ端を乗せた。火がちろちろと燃えだしたので、その上に直ぐに石炭を乗せる。白い煙がもくもくと出

▲駅務係の仕事は先輩たちの食事の支度から風呂焚きまであらゆる雑用に渡った。写真後左が新米だった頃に指導役となってくれた白井先輩、右が著者。小岩駅信号所裏で昭和40年8月撮影。

ている。これで大丈夫、と焚口から離れた。まだ駅長事務室の掃除が残っている。私は急いで駅長事務室に戻ると掃除を始めた。

二十時になった。踏切保安係の一番風呂の時間だ。私は上りホームでの客扱いの時間になり、二、三本の上り電車の客扱いを終えて、ホーム事務室に戻った。

そのとき、「おぉいっ、今日の風呂当番はだれだぁっ」と怒鳴る声が後ろから聞こえた。

「は、はぁいっ、私でぇす」

と応えた。すると、ホーム事務室に怒鳴り込んできたのは、泣く子も黙る御園さんである。誰よりもひと回り大きな身体で、鬼瓦のような顔をして怒っている。その険しさに後ずさりすらした。

「おまえかぁ、この寒い日に、水風呂とはなんだぁっ」

「み、水風呂っ……」

「今すぐ風呂場に行ってみろっ、すぐにだぁっ」

あまりの剣幕に、休憩で食事をしていた内田運転

主任が、

「私が客扱いするから、風呂を見てきたら」と言ってくれたため、風呂場へ駆け出した。

風呂場へ駆けつけると、燃やしたはずの風呂釜の焚口は、新聞紙が僅かに焦げただけで木っ端にも火の気はなく、しょんぼりとして火が消えていた。

あぁ、やってしまった。

「なぁ、水風呂だろう」

後からついてきた御園さんが今度は情けなさそうに言った。

私は、「いま直ぐ焚き直します」といって、急いでまた釜の火を焚き始めた。しかし、御園さんは、

「焚き直すと言ったっておめぇ、これじゃぁ俺は今日は風呂には入れねぇ。これで布団に入って見ろ、寒ぃーぞう」

と哀しそうに言った。

「いいかぁ、おめぇはまだ来たばかりだから言っておくが、俺たちは作業ダイヤで仕事をしてるんだぞ。この時間に風呂に入れなかったら、俺は冷てぇ布団にこの冷えきった身体で寝るんだ。おめえもその身になって見ろっ、特に踏切番は気を遣うところだぁ、風呂でゆうっくりと温まって寝るってぇのがせめてってもんだ。それを風呂にも入らず寝かせられるんじゃぁ、怒るのも無理ねぇってもんだろぅ。なぁ、そうだろう」

そういいながら、また情けなさそうに続けた。

「それがだぁ、寒いから早く風呂に入って、ゆぅっくり温まろうと思ってよぅ、素っ裸になって風呂場に駆け込んで蓋を開けたら、それが水風呂だぁ、そのあとの冷てぇ服をまた着る情けなさを……。おめぇ、

俺に何か恨みでもあんのかぁ」

今度は落語のオチのような、哀しい口ぶりになった。

誰からも怖さで一目置かれている御園さんに、情けなく泣きそうに言われたのには堪えた。

それからは二度と水風呂を焚かないよう、ない時間を作って、二度、三度と風呂の焚口を見に行くようにした。

■線路掃除

駅事務室や便所の清掃は我々新米の駅職員がするが、線路掃除は「線間清掃」と称してベテランの職員により、電車ダイヤの合間を縫って行われた。安全を期してベテラン職員に任されていたのである。

その頃の線路内には、タバコの投げ捨てが多く、空きビンや空き缶も投げ捨てられていて、いまより数倍も汚れていた。それを火箸と塵取りを持って清掃する。末端から清掃を始め、ホームの半分も来ないうちにもう塵取りがいっぱいになるほどであった。この作業はホームに列車見張員が一人、清掃作業員が二人ぐらいで行われた。

線路掃除は土曜日か、日曜日の午後二時頃から三時までの電車の間合い（電車のダイヤの間隔のこと）が長い時間帯で、ホームのお客さんが少ない時に行われた。

どこの駅でも、列車に合わせてホームの先端から末端までは二百二十メートルはある。小岩駅は島式ホームで二面四線あるから、今週は上り線、来週は下り線と分けて清掃される。

その作業は連結係の斉藤さんや河島先輩、操車係の五十嵐さんなどが行っていた。この人たちは、ラッシュ時にはホーム客扱いを担当し、貨物列車がくれば連結、切り離し作業を行い、また踏切保安係が欠員になると踏切番をやり、改札に人手が足らなければ改札口に入る。いわば出札以外の駅業務が何でもできる、駅の「万能選手」であった。

斉藤さんは背が低く顔も愛嬌があった。特に「『天は二仏を与えず』というが、俺は二仏を持っているんだ」といい、「何を……」と聞くと、「肩こりと腰痛」と言われた。今の何かのコマーシャルよりも、もう五十年前には彼が言っていた。また、斉藤さんは女性の話が大好きで、若い社員には卑猥な話を良くしてくれて人気がある。それでいて、突然に見知らぬ女性に話しかけても、女性は嫌な顔も見せず、うふふ、と笑い過ごすくらいの話上手であった。一方、五十嵐さんは背は同じように低いが丸顔で目が大きくきれいな、生真面目な人当たりの良い顔をしていた。

あるとき、線路清掃に入った斉藤さんと五十嵐さんがホーム事務室に戻ってくるや否や、顔を真っ赤にして、

「てゃんでぇ、だからどうしたっ。俺のどこが悪いってんだっ。馬鹿が国鉄に入れるかってんだぁ、なぁ、兄弟ぇ」

と傍にいた私たちに八つ当たりをしたことがあった。

その日、彼らは指示された通りホーム先端から線路清掃に入った。二人がたわいのない話をしながら、ちょうどホームの中ほどまで来ると、幼稚園生ぐらいの子供を連れた母親がそれを見ていた。

その時、斉藤さんと五十嵐さんは二人で飲みに行った時のスナックの女性の話で盛り上がっていた。二人がニヤニヤしながら、「おう、そうそう、あの女がなぁ、それでおめぇがよう」と話の佳境に入ったところを、ホームで見ていたその母親が、

「○○ちゃん、ほうら、見てごらんなさい、ママの言うようにしっかりとお勉強しないと、あんなお仕事をしないといけなくなるのよ、だから、一生懸命お勉強しましょうね」

と言った。

それまで話に盛り上がっていた二人はこれを聞いて、線路掃除をほどほどに憤然としてホーム事務室に帰ってきたのであった。事務室の入り口に置いてあった塵取りが八つ当たりで蹴っ飛ばされ、哀れにぺしゃんこになったのを覚えている。

とばっちりを受けた私たちは訳がわからず、ただ目を白黒させて顔を見合わせているだけであった。

■野球大会

国鉄ではどの職場でもレクリェーションが盛んで、小岩駅も同じであった。

踏切保安係に林田先輩がいた。林田先輩は千葉の佐倉高校野球部の出身。プロ野球選手の長嶋茂雄氏の後輩で、一緒に野球部で練習したと聞いたこともあり、近隣の駅職員からも一目置かれていた。

その頃、どこの駅でも野球チーム作りが盛んで、駅同士の対抗試合を行っていた。

私が配属されて一年ほどしたとき、小岩駅でも若手職員を集めて野球部を作るということになった。もちろん、発起人は林田先輩である。だが、小岩駅には草野球はしたことがあるものの、林田先輩以外には本格的に野球をやった輩はいない。キャッチボールも満足にしたことがない連中ばかりである。

当然、林田先輩は監督兼コーチ兼選手である。部員は若手職員を漸く寄せ集めた十一人だけと、プレーするにもぎりぎりである。

両隣の市川駅や新小岩駅では職員の数も倍近くおり、とっくに野球部を作り頻繁に対外試合を行っている。そんな強豪の駅と試合をすることが我々の夢であった。

あるとき、本来作られたばかりの野球チームなぞとは試合をしない、その線区でも一、二を争う強豪の西船橋駅チームとの対抗試合が組まれた。もちろん林田先輩の顔を立てて、相手がなんとか試合を組んでくれたのである。

場所はこちらのホームグランド（とはいっても練習でも使ったことがない）江戸川河川敷のグランドである。

場所取りや相手との交渉は全部林田先輩が行っていた。

「おい、西船橋駅と対外試合を決めたぞ、みんな明日から必死で練習するからな」

と林田先輩はやる気満々である。

「明日は練習だ。いいか、江戸川グランドに言って練習するからな」

林田先輩はその日の勤務の若い職員ひとりひとりに言い渡す。

「はい、わかりました。やりましょう」

「いいですねぇ、相手は西船橋ですか、腕が鳴りますねぇ、いっぱい練習しましょう」

「私は待っていたんですよ。いよいよ明日から練習ですか、頑張りましょう」

言われた若い職員は元気に返事をする。

しかし、草野球、それも人数合わせで野球をやった程度の連中である。翌日の非番日になると、

「すいませぇん。今日は体調が悪いので今度にしますぅ」

「申し訳ありません。急用ができたので今日は帰りまぁす」

▲小岩駅の社員旅行で鬼押出しにやってきた一同。左端が著者、２人目が小岩駅野球チームの監督兼選手として活躍された林田先輩、右端が同期の小川。かつて佐倉高校で長嶋茂雄氏と練習したこともあるという先輩にとって、小岩駅の若手は（野球選手として）不甲斐ない後輩ばかりだった。

「ごめんなさい、叔父の法事を忘れてましたぁ。今日はできなくなりましたぁ」

ひとり、またひとりと言い訳を作って帰って行く。八人に声をかけて全員が色よい返事をしておきながら、当日集まったのはたったの三人。

おっとり刀で参加した私は、

「えぇっ、先輩、これだけっすかぁっ」と絶句。

「ああ、お前らは意欲があって立派だ。いっぱい練習して奴らを見返してやれ」

もう一人参加した同期の小川が、

「だけど、K先輩の叔父さんの法事のことですが、二カ月に一回はそうして休みを取ってますよぅ」

と呟くように言った。

いささかこの人数ではどうにもならないので河川敷グランドには行かず、その日は駅裏の広場でのキャッチボールで終わった。それも三十分ほど行うと、今日は非番で疲れているから、と直ぐに止めてしまった。

それからひと月ほどして、いよいよ試合の日になった。

相手は隣の地区の強豪チームである。その地区内では試合相手がいないといわれている。こちらはこの試合のために数回の練習、それも駅裏の広場でキャッチボールをしただけで、全員揃って練習したこともない。我がチームの強さも高が知れている。

それでも、この試合のために作った薄黄色のユニフォームの胸には、真っ赤な文字で「ＫＯＩＷＡ」と誇らしげに書かれていた。

駅の休憩室でこのユニフォームを初めて着る際には、

「このストッキングってどう履くの？」

「ベルト忘れちゃったから、この紐で良しとするかぁ」

「おい、おまえの着方ちょっと違うんじゃねぇか」

ユニフォームの着方さえわからない連中である。しかし、新品のユニフォームを着ると、誰もがなんだか溌溂として、強い野球選手のような気持になった。

「駅長から頑張ってこいと『ご奉仕』が出たから、今日はグランドまで全員タクシーで行くぞ」

林田先輩の声で更に意気が上がった。

グランドに出ると、西船橋駅チームはもう来ていた。

我々はそれでも巌流島の宮本武蔵の心境であった。が、相手チームの練習を見ると、まるでプロのようなキャッチボールから始まり、守備練習にもエラーひとつしない。

練習を交替して、林田先輩の指示でこちらが守備練習に入る。林田先輩がノックしたボールを三塁手がやっと捕ると、一塁に投げる。暴投。一塁手はとんと遠くまでボールを拾いに行く。これが二塁手、遊撃手の内野手もみな同じ。野球の少しうまいのが内野手だから、外野手となると見ていられない。目くそ鼻くその野球陣である。

「もっとしっかり取れねぇかなぁ」

ノックしながら、林田先輩のため息が聞こえる。

やがて試合が始まった。審判は人数が余っている西船橋駅の職員がやることになった。

先行は西船橋駅チーム。一回表、打つは打つは、いきなり9点を取られた。

その裏、うちのチームは二者三振とピッチャーゴロ一つで、三者凡退。

二回表、西船橋駅チームは5点を取った。こちらの二回裏は同じく三者凡退で14対0。

三回表、うちのピッチャー打たれて3点取られ、まだ一死一塁。そのとき、

「ピッチャー交代、吉野」と呼ばれた。

えっ、えぇっ。いままでピッチャー紛いのキャッチボールはしたものの、試合でピッチャーなんてやったことがない。

だが、雰囲気的に「できない」とは言えない。

「だいじょうぶだよなっ」林田先輩の声である。

「えっ、は、はいっ……」今度は戸惑いの声を出して、私はピッチャーマウンドに向かった。

キャッチャーは白井先輩である。白井先輩はそこそこ野球をやったことがあるので心強い。

「よぉ、しのさぁん。好きなように投げていいからねぇ」

と自信を持って投げろという。

二、三球肩慣らしをすると「もういいです」といって、試合再開した。

一球目、ボール。二球目、高すぎてキャッチャーが飛び跳ねて漸く取ってくれた。三球目、今度は打者の手前でワンバウンド。次の球もストライクゾーンに入らず、四球。一死一塁、二塁。

次のバッターを迎えて、第一球、ボール。第二球を投げようとした。そのとき、一塁ランナーが盗塁の仕種をした。ダブルスチールだ。私は慌てて、ピッチャープレートから足をはずさず、そのままボールを一塁に投げる振りをして牽制した。

「ボーク」

一塁ランナーと相手コーチャーが審判にアピールした。もちろん、誰が見たって完全なボークだ。続いて相手監督と審判もボークといった。

すると、林田先輩から、

「なぁに言ってるんだよぅ、お前らまだ点が欲しいのかぁ、このぐらいのことはいいんだよぅ」

と、本格的に野球をやってきた人とは思えない言葉が出た。余りの大敗に、情けないより悔しさが倍加していたのかもしれない。

審判も相手チームの監督、選手も林田先輩のあまりの勢いに、口をあんぐりと開けたまま絶句した。もっと抗議しようとしたようだが、相手は林田先輩である。

「あぁ、いいです。わかりましたぁ、そのぐらいは良しとしましょう」

相手監督の声である。審判もそれじゃあいいです、といってボークは取り消された。

その回8点取られて、万事休す。

私はとっくにピッチャーを交代したが、その裏のうちの攻撃もまた三者凡退。

「林田さぁん、今日はこれでコールドにしましょう」と相手監督の声がかかった。

するとと、林田先輩が顔を真っ赤にして

「なんだおまえらぁ、勝ち逃げしたいのかぁっ、これで止めるのは卑怯だぞっ」

と怒鳴り出した。

「だって、三回で22対０ですよ、まだやりますかぁ」と相手は張り合いのない相手に戦意喪失している。

「ああやるとも、せめて五回までやる約束だったじゃねぇか」と林田先輩は意気込んでいる。

「そうですかぁ、では、仕方がないですねぇ」

と四回が始まった。この回も７点取られて、29対０。

すると、相手監督からまた泣きが入った。

「林田さぁん、うちの職員の半分は明日勤務なんですよう、もう足が痛くて駆けられないと言ってます。お願いですから、なんとか試合を止めてもらえませんか。これでは明日の仕事に差し支えますからなんとかお願いしますよ」

相手監督はもう半べそである。

「ふん、そんなに言うんじゃぁしょうがねえなぁ、仕事に差し支えちゃぁしょうがねぇ、そんなら止めてやるかぁ」

林田先輩はやっと試合を止めた。

どちらが勝者なのかわからない試合であった。

その後、我がチームは両隣の駅チームと対戦しても大敗。それでは、弱いだろう、と思った遠くの小さな駅の寄せ集めチームと対戦しても勝てず。０勝５敗で一年と経たないうちに小岩駅野球チームは解散した。

林田先輩は大駅の庶務係として転勤し、新品のユニフォームも直ぐにどこかに行ってしまった。

■ガダルカナルの生き残り兵、石井氏のこと

その頃の駅職員には太平洋戦争が終わり、戦地から引き揚げてきた兵隊上がりも多かった。戦後二十年も経っていたが、それでも兵隊さんの気構えが姿勢にしてわかる職員がいた。

なかでも、改札担当職員にひとりだけ兵隊帰りと直ぐわかる人がいた。胡麻塩頭に立派な口髭を生やした五十代半ばの職員で、改札口に立っていても、毅然としていてどこか近寄りがたい雰囲気があった。しばらくして「あの人はガダルカナルの戦闘から生きて帰った中のひとりだ」と教えてくれた人がいた。これこそうろ覚えだが、名前は石井さんと言ったかもしれない。

この人には、駅長も助役も一目を置いていた。その頃はほとんどの職員が国鉄労働組合（国労）に入っていて、小岩駅も改札の重鎮の石橋さんが駅分会長であった。その頃は毎年ストライキがあり、職員一人一人に分会長からスト参加の声がかかった。我々若手職員には林田先輩から声がかかり、誰もがストライキに参加することになっていた。

ところがある年、石井さんがいきなり「俺はストライキなんかやらん」と、言い出した。

石橋分会長は慌てた。自分の職場からストライキに参加しない『スト破り』を出すことはできない。しかし、石井さんは何度お願いしても聞き入れてくれない。別室に呼んだり、説得のため一緒に帰るなどしてスト参加をお願いしたが、頑として聞き入れてくれなかった。石橋分会長は悩みに悩んだ。

そして、スト当日、とうとう小岩駅ではひとりだけストライキ不参加『スト破り』の組合員を出してしまっ

▲昭和 40 年代には太平洋戦争の従軍体験者がまだ社会で働いていて、小岩駅に勤務していた石井さんも激戦地であるガダルカナル島からの帰還者だと言うことだった。写真はそのガダルカナルで擱座した日本の輸送船（写真／アメリカ国立公文書館蔵）

た。周辺の駅分会からは誰ひとり『スト破り』を出していない。

組合地方本部も大きく問題視し、なぜ参加させなかったのか、と分会長に調査がきた。

石橋分会長は仕方なく、

「彼はガダルカナルの激戦地から帰った兵隊の一人で、自分の意にそぐわない事は絶対に聞き入れてくれない。いまは、我々の言うことはどうしても聞いてくれない」

と嘆くように答えた。

組合地方本部はそれを聞いて黙ってしまった、という。その後、石井さんがストライキに参加しなくても、どこからも叱責がなかった、と聞く。

そんなくらいだから、改札口に立っていても、常に凛としていた。

さて、改札口には苦情や言いがかりをつけにくる常連のお客さんがいる。

ある日、いつもの酔客が今日も酔って改札口にきて、いつものように職員に絡んでいた。

「おう、ポッポや、この野郎、運賃ばかり高く取りやがってぇ、その上ストばっかりやりやがる親方日の丸のふてぇ野郎だぁ。お前らみたいなクソ野郎がいるから国鉄はだめなんだよぅ。馬鹿野郎がぁ」

絡まれた職員はいつものことだと思って相手にせず、他の乗客の対応をしている。しかし今日は、

「おめぇは戦争に行ったのかぁ、おめぇみたいのが戦争に行ったから日本が負けたんだろっ、どうだっ、おめぇも戦争に行ったんだろう？　この馬鹿野郎がぁ」

と、酒臭い息を吹きかけながらなかなかしつこい。

「おいっ、おめぇは戦争に行ったのかって聞いてるんだ。だから戦争に負けたんじゃねぇのかぁ？」

絡まれた職員もほとほと困っていたが、何も言わずに我慢をしていた。

「おい、ポッポや、なんとか言えっ、おめぇみたいのが戦争に行ったから負けたんだろっ、この大馬鹿野郎っ」

と更に毒づいた。

そのとき、改札事務室にいた石井さんが改札口に飛び出していった。

「貴様ぁ、ほどほどにしろぅっ、貴様みたいな日本人がいたから戦争に負けたんだぁっ、俺はガダルカナルの生き残りだぁっ、なんか文句があるかぁっ」

と一喝した。

その声の大きさとガダルカナルの生き残り、と聞いて、酔客は驚いたのなんの。ぴょんと飛び跳ねると、そのまんま町の中へ飛ぶようにして駆け逃げて行った。

それからその男は絶対駅には近づかなかった。

■雪の日のモデルとのデート

私は一度だけ、「俺もモテルなぁ」と思ったことがあった。

それは、二月の冬の朝のことである。昨日からの首都圏の大雪で、総武線も他線区と同じように積雪の影響で大幅に電車が遅れていた。朝のラッシュ時も電車は遅れに遅れた。しかし、あまりの大雪で、学校は休校になり、通勤の乗客も少なかった。それでも間引きされ、遅れた電車には乗り切れないほどの乗客が出た。来る電車来る電車、満員である。

すると、ホームで尻押しをしている私の直ぐ近くで、ほっそりとしたきれいな若い女性が立ち尽くしている。白いミニスカートに薄いピンク色のストールを首に巻いて、靴も薄いピンク色だ。雪の中に立つ「妖精」のように見える。

来る電車がみな満員のため、何本目かの電車に乗ろうとしたが、満員のため乗れなかったようである。

「今日は、まだ、混みそうですよ」

あまりにかわいそうなので私はその女性に声をかけた。

すると、彼女が「ええ……」と悲しそうな返事をした。

「小岩駅までバスで出てきたけど、町の中はもうバスも走れないようなの。私、行くところがないの……」

と、また悲しそうな声を出した後、じっと私を見つめる。若いきれいな女性からこう見つめられたことがない。私は舞い上がった。もうすぐ、ラッシュも終わる。

「それじゃあ、もうすぐ勤務が終わるので、お茶でも飲みますか」

と誘った。このときは、なぜか素直に彼女を誘うことができた。

「いいんですか、よろしかったら、私待ってます」

と、彼女が蚊の鳴くような声で返事をした。

「よぉし、それじゃあ、その辺で待っていてください」というと、彼女は改札口の脇に立って私の勤務が終わるのを待つことになった。私の立っているホームから改札口は一望できる。

直ぐに、若いきれいな女性が改札口に立っている、という話が駅中に広まった。わざわざ見に来る職員もいる。

それから一時間近くが経ち、勤務を終えて急いで私服に着替えた私は改札口に向かった。私は悦に入っていた。この寒い雪の日の凍えそうな中で、一時間近くも私を待っていてくれる絶世の美女がいる。

彼女は薄いピンク色のストールを頭に被って立っていた。

私がその「妖精」に声をかけて歩き出すと、改札口の職員が振り返ってこっちを見ているのがわかった。

私は駅前の喫茶店に入った。

さぞかし、駅では吉野が「絶世の美女」とデートに行った、と噂になっているに違いない。

「寒かったでしょう」というと、

「寒かったわぁ、凍えそうでした」と彼女。

「もう少し早く気が付けば、早くここへ入っていてくださいと言えばよかったですね」

「でも来てくれなかったら困ると思ったから、あそこで待っていたの。ああ、私お腹すいちゃったなぁ、何か食べてもいいかしら？」と言った。

「もちろんいいですよ、なんでもどうぞ」

「じゃあ、私、スパゲティを頼もうかしら」

とスパゲティを注文した。それを食べ終えると、今度は「パフェも食べたいなぁ、頼んでいいかしら？」と言った。「もちろん、いいですよ」と私は答えた。

その間、彼女はいまモデルをやっていて、年は十八歳だという。若いし可愛い。この頃では仕事も少しずつ増えてきているという。

確かに、普通の女性とは違い、どこか垢抜けている。田舎から出てきて、モデルという名の付くレベルの女性とこうしてお茶を飲むなぞとは、夢にも見なかったことである。

彼女がパフェまで食べ終わると、「ねぇぇ、タバコ吸ってもいいかしら？」と言った。

「えっ、えぇぇ……」と私は驚きとともに絶句した。

すると、彼女は私の驚きにも拘わらず、小さなバックの中から『外国煙草（洋もく）』と言われる女性向けの細い洒落た煙草を、左手の人差し指と中指の間に得意げに挟んで口に銜えた。

私は、それを見て更に驚いた。駅で煙草を吸う職員は「若葉」か「しんせい」、良くて「ピース」である。特に「ピー缶」と呼ばれる「缶入りピース」を飲んでいる輩は鼻高々で、俺はこれを吸っている、と周りに見せびらかすほどである。それが『外国煙草』である。

それに、私は煙草を吸わない。

すると彼女は「このたばこおいしいわよ、どう、いかが……」ときた。

私は片手を上げて断った。その頃には、私とはレベルが違うな、と思うようになっていた。『月とすっぽん』『鷹とトンビ』『ペルシャ猫と野良猫』。

彼女はそれをいち早く察したのか、今度は喫茶店の伝票を私の目先に指して、

「私、ここでもう少しゆっくりしていっていいかしら、あなたはもう先に帰ってもいいわよ」と言われた。

「ごめんね、今日あたし、持ち合わせがなかったの。よ、ろ、し、く」

その彼女の顔は私よりずぅっと大人の女性の顔になっていた。

私はその伝票を持つとすごすごと清算して、しょんぼりと駅に戻った。

駅では思った通り、吉野が絶世の美女とデートをしている。あの雰囲気では、あいつは狂って直ぐに結婚したいと言い出すかもしれない、と無責任な話が飛んでいた。

その後、彼女は一度も小岩駅には現れなかった。そして、その噂もすぐに消えていった。

儚い雪の日の想い出は瞬く間に溶けてしまった。あんなに大雪だったのに、あの「妖精」の想いをいつまでも溶かさないでいてくれたら、といつまでも恨むのは女々しいかもしれない。

■踏切雑話

（一）御園氏のこと

その頃、小岩駅は二つの踏切を管轄していた。駅から見て東京方の第一踏切、千葉方の第二踏切である。それぞれに踏切保安係（踏切警手の方が言い得ているかもしれない）を配置し、電車が来るたびに、遮断機を上げ下げして踏切を通る人を通行させていた。この踏切警手は、通行する人たちの苦情にも平気な肝っ玉を持っている年季の入った職員が配置されていた。

踏切警手と通行人は踏切警報機が鳴り始めたときから戦いが始まる。

警報機が鳴り出したら、踏切警手は少しでも早く遮断機を下ろさなければならない。

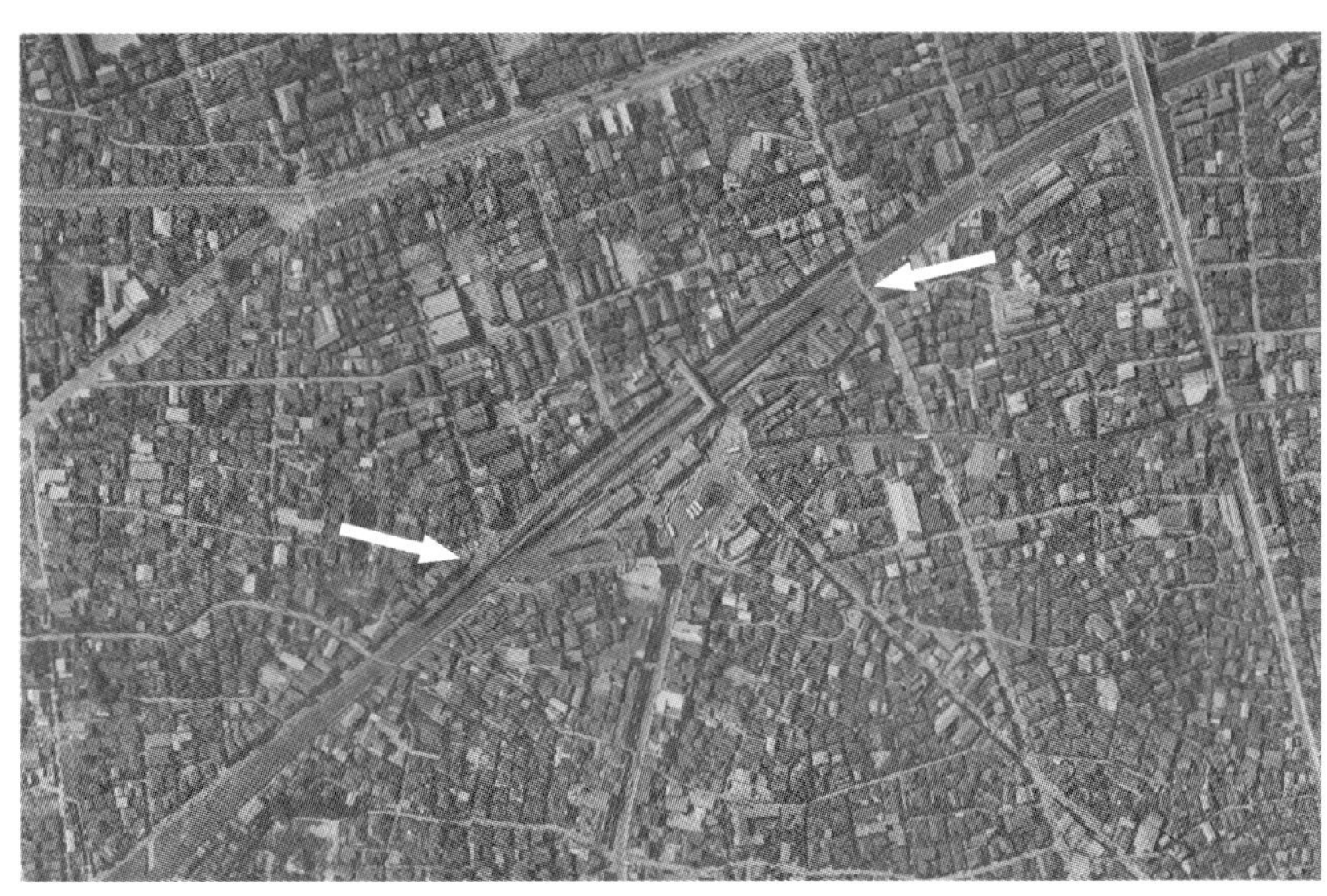

▲著者が小岩駅に勤務していた当時はまだ線路は地上を走っており、２つの踏切（矢印）がその管理下にあった。写真中央が小岩駅で南側にロータリーが見える。1963 年撮影（写真／国土地理院蔵）

通行人は、踏切遮断機が下りないうちに早く渡ろうとする。遮断機が下りてしまったら、電車が通過するまで待ちぼうけになるからだ。

そこで、通行人と踏切警手のせめぎ合いが始まる。チンチンチンチン、警報機が鳴り始める。

通行人は「そら鳴り始めた、早く渡っちゃおう」と急いで踏切を渡り始める。

「こらぁ、警報機が鳴ってるだろうがぁっ」と踏切警手。

そんな声など聞いていられるか、と通行人。

踏切警手は意地でも渡らせまいと、必死で遮断機を下げ続ける。

それでも何人かは渡って、何人かは渡れない。途中であきらめて戻ってきた通行人は、悔しさを顔に顕わにして、踏切警手を睨みつけながら元の位置に戻って地団駄を踏む。

遮断機が下りきろうとする。踏切警手はしてやったりとした顔をする。ところが、そんな時に渡るのをあきらめたと思っていた通行人が、するり、と遮断機を搔い潜って駆け抜けることがある。

「こらぁ、踏切が締まってるだろうがぁっ」

と踏切警手が怒鳴るのを尻目に、渡り終えた通行人がしてやったりとした顔をして踏切を後にする。その時には踏切警手も何事もなかったかのような顔をして、平然と青旗を振って運転士に踏切の安全を知らせている。

踏切を渡れなかった人は仕方なく電車の通過を待つ。遮断機を掴まえて待つ人、ボーと立ち尽くす人、いつ電車が来るのかと線路の向こうを覗き込む人。思い思いの姿でひたすら電車の通過を待つ。

この光景は、踏切が閉まる度に見られたものだった。

こんな踏切であったから、人身事故も多かった。踏切における人身事故は、完全に下りきった遮断機を搔い潜って電車に飛び込む「自殺」であった。

踏切警手は何度も経験しているから、人身事故に慣れていた（というと不謹慎かもしれないが……）。この踏切警手のひとりが、私が水風呂に入れてしまった御園さんであった。御園さんは身体も大きく、目のぎょろりとした眉毛の濃い厳つい人で怒ると閻魔様のように怖い人であった。勿論、この人も人身事故を何度も経験しているベテランである。

私が小岩駅に配属されて三カ月も経ったある日、若い女性が第二踏切から電車に飛び込んだ。電車の非常ブレーキ音とともに制輪子の煙ときな臭いにおいがもうもうと辺りに立ち込めた。

人身事故発生。

踏切保安係であった御園さんは急いで救護に向かった。

すると、若い女性が電車の動輪のすぐ脇の線路に倒れていた。見ると、右足がない。轢死。御園さんはそう思って、その傍に行った。そして、電車からもっと離れた場所に彼女を安置しようと思った。同時に電車から降りてきた運転士と車掌が前後から駆けつけて来るのが見えた。

御園さんは、「ここです、ここぉっ」と、車掌と運転士を大声で呼んだ。

すると突然、もう亡くなっていると思っていた女性ががばっと片足で立ち上がると、「助けてくださぁい、助けてえぇー」と御園さんにかじり付いた。

驚いたのは御園さんである。驚いてとっさに彼女を振り解こうとした。が、彼女の必死の力は想像を絶した。御園さんはどうすることもできず、彼女をしっかりと抱き止めたまま、あぁ、あぁぁ……、と恐怖の悲鳴とも呻きともわからない声を上げながら立ち尽くした。

その後、彼女は直ぐに気を失い、病院へ運ばれて行った（その後、手当の甲斐なく亡くなったと伝え聞いた。痛ましい事故のひとつであった）。

これにはいつも平然と対応していた御園さんでもよほど堪えたのだろう、その翌日から一週間ほど休みを取って寝込んだという。

そんな御園さんに閉口したことがある。私が小岩駅に配属されて一年ほど過ぎた頃に、私より二歳ほど年上のＦさんが転勤してきた。太り気味の体格のいい先輩であった。人柄がよく、坊ちゃん育ちのような人であった。

この頃になると、私も小岩駅の職員としてどうやら業務にも慣れ、ベテラン職員からもまあまあ好かれるくらいになっていたと思う。

Ｆさんが転勤してきて半年ほど経った頃、踏切やホームにいるベテラン職員から、そろそろあいつらも鍛えなくちゃぁいけねぇなあ、という声を聞くようになった。

ホームの客扱いや雑用もそこそこにできるようになっていた私は、駅の仕事でまだ他に何かを鍛えられる業務があるのか、それがどういうことなのかわからなかった。

そんな夏の日の午後、昼下がりののんびりとした時間だった。

「おい、吉野、F、お前たち二人を第二踏切の御園さんが呼んでるぞ。なんでもいいから直ぐ来いって、何か怒っているようだぞ」

休憩時間でたまたまホーム事務室でFさんといた私は、あの御園さんが怒っているというので、急いで第二踏切に向かった。

ホーム先端から線路に飛び降りて第二踏切に向かった。途中、

「Fさん、御園さんに何かしました?」

「吉野さんこそ何かしたんじゃないの」

「あの御園さんに何かできる訳がないじゃないですか」(水風呂の件からは、かなりの日にちが経っている)

二人は戦々恐々として踏切に向かった。

踏切小屋の前では、御園さんが立って二人を待っていた。

そして、二人を見つけると、「おうおう、こっちだこっちだぁ」とにこにこしながらこっちを見ている。

その顔を見て、二人は、なぁんだ、怒ってなんかいないじゃないか、と安心して近づき、あと二、三メートルとなった。そのとき、御園さんが急に足元の茶色の塊を拾い上げた。「犬っ?」と思った瞬間、「ほうれっ」と言って、その茶色の塊をこっちに向かって放り投げてきた。電車に切断された犬の死骸が二人の足元に、どさっ、と落ちた。

「ひゃぁぁぁ」

私とFさんは思わず抱き合った。抱き合った二人が今度はぴょんぴょんと跳ねあがった。男同士が抱き合うことなぞないと思うだろうが、あまりにびっくりすると誰にでも縋るというものだ。

二人は一瞬しっかりと抱き合った後、今度は我先に逃げようと更に二、三メートルも飛び退いた。

そんな二人を見て、御園さんと斉藤さんが大笑いをしている。

「お前らぁ、人身事故の対応をしたことがまだねぇだろう。まず、事初めにこんなもので鍛えてやったんだぁ、こんなもんで驚いてちゃぁ、ほんとの事故じゃ、手も足も出ねぇなあ」と大笑いをしている。

二人は、青い顔をしながらすごすごとホーム事務室に引き返してきた。

私はそれだけでもしばらく足が震えて仕事にならなかった。

あとでそのことを知った助役が、御園さんにあまり手荒なことはするな、と注意してくれたが、御園さんらはにやにやしながら「少し鍛えてやっただけですよ」と平然としていた。

それでもFさんは、事務室に戻ってしばらくすると「びっくりしたなぁ、でも、僕は少し自信がつきましたよ。なんだか、本当の事故対応もちゃんとやれそうな気がします」と言った。

私は犬ですら身も凍る思いであったので、人の轢死体に手出しなぞできる自信は更になくなった。

■踏切雑話

（二）　Fさん　連続人身事故に遭遇

それから二か月ほどしたある日、Fさんがホームの「客扱い」の勤務をしている時、第二踏切で人身事故が発生した。

するとと、「僕が行きます」と言って、Ｆさんが率先して事故現場に向かった。

やがて、踏切保安係と協力して人身事故の対応を終えたＦさんは平然として帰ってきた。事故対応後も、少しの興奮もなく落ち着いている。

そのときに一緒に事故対応をした踏切の職員からも「Ｆくんは凄いよ、しっかりと対応していたよ」と評判になった。

「これなら、いつでもＦくんには人身事故を任せられる、あいつは思ったより根性があり、肝っ玉の据わったすごい奴だ」と評判になった。

それからというもの、三、四カ月に一度はある人身事故に、Ｆさんは踏切の職員とともに率先して対応していった。

その頃、人身事故に対処した職員には一人三千円ほどの報労金が出た。それは以前、ある駅で人身事故が発生した際、その対応を嫌がって職員が事故現場に向かわなかったことがあり（新聞の記事にも取り上げられた）、そのため、苦肉の策として人身事故に対応した職員に報労金を出すようになったのだ。

それから二カ月も過ぎたある日、Ｆさんの勤務していた日に人身事故が発生した。Ｆさんは前回同様、率先して事故現場に向かって対処した。

すると、一週間もしないうちに、またＦさんが勤務している日に人身事故が発生した。続けて二回、それもＦさんが勤務している日にである。これはいつになく続いている。

河島先輩が、「なんかおかしいなぁ、俺はいままで二十年近くもここにいるが、こんなに事故が続いたことはねぇなぁ」と呟いたのが印象的だった。

そして、さらに一週間もしないうちに、また人身事故が発生した。それもまたＦさんがいる日である。いささか、Ｆさんも頻繁なので滅入っていた。

「おかしい、こりゃあ、なんかおかしいぞぅ……」

と不思議がった河島先輩が「おい、Ｆっ、お前、何か変なことしてないだろうなっ」とＦさんを問い詰めた。

すると、Ｆさんはしょんぼりとしながら、

「実は、僕ぅ……、この前、最初の事故の報労金で靴を買いましたぁ。この靴を履いて勤務してから毎週のように事故が起きてますぅ、僕もなんか変だなあと思っていました……」

「馬鹿野郎っ、そんなものは早く脱ぎ捨てろっ」

Ｆさんの言葉が終らないうちに、河島先輩が真っ赤な顔して怒鳴りながらＦさんが履いていた靴を剥ぎ取ると、事務室の窓から力いっぱい投げ捨てた。

そのあと、Ｆさんはすまなそうに予備の靴に履き替えて勤務した。

おかしなことに、人身事故はそれからぱったりと起きなくなった。

事実は小説よりも奇なり。これは事実です。念を押します。これは事実だったのです。はい。

■踏切雑話

（三）　踏切の幽霊

踏切にはどこにでも似たような話がある。

踏切保安係に海老沢さんという、新米の我々にもやさしい言葉をかけてくれる細身の年配の職員がいた。踏切保安係のほとんどの職員が肝っ玉の据わった荒々しい人たちばかりであったが、そのごつい仲間のなかで、この人だけはどこかやさしく、ひ弱ささえ感じさせられた。

この海老沢さんが内房線のある駅の踏切保安係であった時の話である。海老沢さんは奥さんと二人でその駅の構内に僅かに残った駅舎宅の一軒を借りていた。

夏のある日のこと。

この駅の踏切付近に「白い物」が出るという噂が立ち始めた。「白い物」とは、もちろん幽霊のことである。その幽霊は、終電間際に出ることもあれば、まだ夜明け前の薄暗い初電が来る前頃に出ることもあるという。その噂は近所中に広まり、誰もが気味悪がったが、怖くて誰もそれを確かめようともしなかった。その白い物は、浴衣姿で髪を長ーくした洗い髪をしており、そして、それが出るのは毎日ではなく、決まって海老沢さんが泊り勤務の時であるという。

駅の仲間は、海老沢さんがこの霊に取り憑りつかれているのではないかと気味悪がった。しかし、本人には誰も直接聞くことができず、そのうちに、終電間際や初電近くには誰もこの踏切に近寄らなくなった。

その噂話があまりに広まったある日、駐在所のお巡りさんも見兼ねて調査をすることになったらしい。ひとりではいささか心許ないので、本署から応援を頼んで、何日間かそれを確かめることになった。一日目、二日目、白い物は出ない。海老沢さんは一日目は非番、二日目は公休だった。三日目、いよいよ海老沢さんの泊り勤務である。

その夜、お巡りさんたちは午後十時頃、一回目の巡回をした。異常なし。十一時、二回目の巡回も異常なし。十二時半近くになった。いよいよ終電間際である。

踏切巡回を始める。その道路は踏切を渡って少し行くと右に折れて駅前広場に出る。お巡りさんたちは踏切小屋の方から踏切を渡った。すると、渡った先にある電信柱の陰に白い物が立っている。

出たぁ！

愕然として背筋に冷たいものが走った。が、お巡りさんも今日は二人である。一瞬、互いに顔を見合わせたあと警棒を握り締め、意を決してその方へ歩き出した。すると、その白い物は何かに怯えたように後ずさりした。お巡りさんも肩を寄せ合うようにゆっくりとそれに近づいていく。

すると、白い物がさぁっと逃げ出した。お巡りさんたちは戸惑いながらも追いかける。白い影を追い詰めていくと、やがて、それは駅舎宅の一軒に入って行った。

お巡りさんたちはその舎宅に声をかけた。

出てきたのは白い浴衣姿の海老沢さんの奥さんだった。

聞くと、海老沢さんは夜遅いのが苦手で時々失敗する。こちらに転勤してきたが、奥さんは心配で心配で寝られない。気になって仕方がないので、思い切って寝間着姿のまま、そぅっと、夫が踏切をしっかり閉めて終電や初電を通過させるのを確認してから寝るようにしていた、と話したという。

それから、踏切近くの幽霊騒ぎはぷっつりと消えた。

この話は、海老沢さんの同僚の方に聞いたが、そのことを本人が知っていたかどうかは、とうとう聞くことができなかった。

■車掌試験

いまでもそうだが、駅務係から昇進して行く道は、列車の車掌になるか、駅で切符を売る出札係になるかの二つの道があった。小岩駅で働き始めて三年、漸く私もその受験資格を満たした。車掌試験に合格することは大変だという噂であったが、出札係のように一日中金銭を扱うことが嫌だった私は、最初から車掌に決めていた。

とはいえ、私は初めての車掌試験を受けるかどうか迷った。まずは自分に、車掌になる自信がなかった。それに、前年の車掌試験の合否が発表される頃に、隣りの駅の誰それは一発で合格した、どこそこの誰は漸く受かった、などという噂話で駅職員間が持ち切りになる様子を見たことがあり、嫌だったからである。

迷った末に、私は一回目の試験を受けることを決めた。

先輩たちから、試験はむずかしいぞ、とは言われていたのに、受験勉強はあまりしなかった。勝浦から片道三時間も列車に乗っているのだから、通勤の合間にどんなにいい勉強ができたかもしれなかった。しかし、私は列車に乗ると「寝る」ことだけで、まさに惰眠をむさぼった。

当然今回の車掌試験はかすりもしないだろうとあきらめ、まぁ、試験の傾向だけでも知ることができればいいと高をくくった。

ところが、同じ村から国鉄に入り、その当時小さな田舎の駅の駅長をしていたS氏に「息子が車掌試験を受けるようなので、なんとかしてあげたい」と、母が泣きついたらしい。

すると、S氏は「そりぁあ、配属先の駅長に推薦してもらわなけりゃぁ受かるはずがねぇ。わしがその駅長とは何度か会ったことがあるから、頼みに行ってやる」と言われた。

▲駅務係として３年の勤務経験を経た著者は車掌試験の受験資格を得た。雰囲気だけでも掴んでおこうと受験を決めたが、次第に話が大きくなってしまった。小岩駅の更衣室で。

そして、ある日、母が用意した土産物を持って、駅長の自宅までS氏と頼みに行くことになった。

小岩駅長の家は田舎の大きな家であった。駅長は在宅していたが、座敷に上がったのはS氏だけで、私は玄関の三和土で待たされた。

どんな話をされたのかはまったくわからなかった。そして、お土産に持って行った包を、そのまま持ち帰ることになった。

次の日、出勤すると、他の職員がホームの「通勤対策」で誰もいなくなった駅長室に呼ばれた。駅長は昨日のことが気になって、朝の通勤対策の前に私に言っておきたかったようだ。

「はいっ、吉野参りましたぁっ」

といつものように平然として駅長室に入ると、いきなり、

「この野郎っ、あんなことをしやがっててぇっ、いいかぁっ、あんなことで車掌試験が受かるもんじゃねぇ、あんなまねをするより勉強しろっ、勉強をっ」

よほど駅長の名誉を傷つけてしまったのだろう。

いつもは温厚な駅長がベランめぇ口調で真っ赤な顔をして怒っている。

私はその剣幕に後退りした。そして、

「も、申し訳ありませんでした、すいませんでしたぁっ」

何度も頭を下げて這這の体で駅長室を出ようとした。

駅長も怒り心頭だったのだろう。通勤対策に行こうと持っていた赤旗をひょいひょいと振り回した。すると、その棒の先端が駅長室を出ようとした私の背中にぼんっと当たった。

「痛ぇっ」

私は思わず声を上げた。

駅長もこのときばかりは、まずい、と思ったのか、「おう、おおう」と言いいながら、私を押し退けるようにして駅長室を出て行った。

その年の車掌試験は見事に落ちた。

それから私は、「越後屋」ではないが、菓子折りに小判を潜ませるようなことは、生涯を通じて一切しなかった。

どこの誰は車掌試験を一発で合格したという噂は早い。三回目、四回目で合格するのが普通であった。

小岩駅に配属されて二年目に、作本という後輩が入ってきていた。

するとしばらくして、駅職員の間で「おい、今度入ってきた作本っていうのは優秀だってなぁ」という噂が広まった。仕事も手際よく早かった。それでいてきちんとしていて、非の打ちどころがなかった。

やがて、次の年の車掌試験が近くなった。駅では今度の合格者は作本一人だなぁ、とまた賭ける話（お金ではなく、昼飯代程度です。念のため）になった。本命は作本で吉野は大穴となった。

「おい、吉野、勉強してるかぁ」車掌に興味のない先輩たちは人ごとのようにいう。

「はぁ、まあまあです」と返事をするものの、どう勉強したらいいのかわからない。それでも受験内容を熟知した私は、二回目の挑戦でやっと合格した。

作本は一発で合格。やはりレベルが違った。

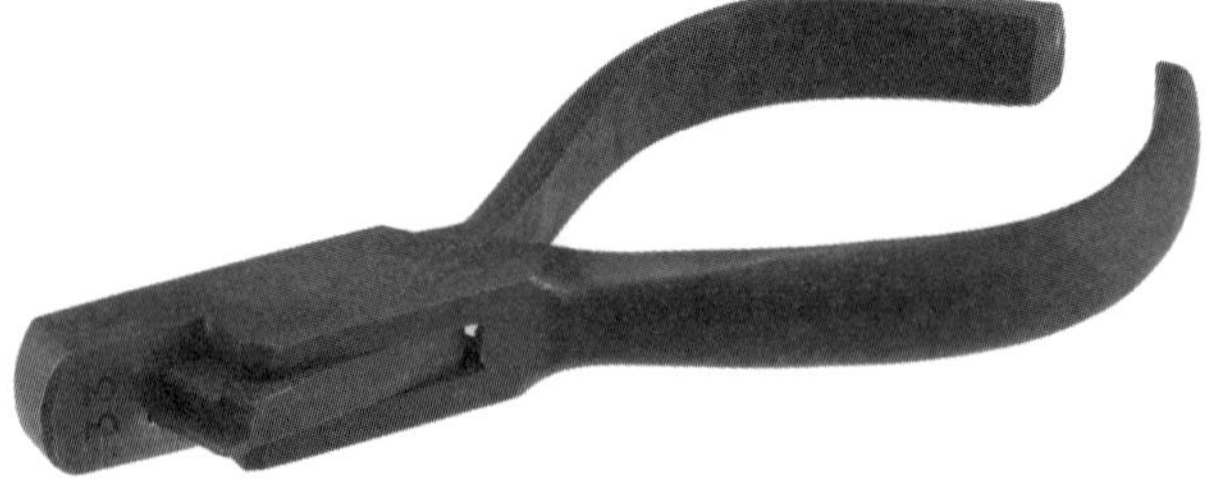

第二章　事故に怯える乗務員

～車掌時代～

■学園生活

小岩駅に配属されてから五年目に車掌試験に合格した私は、千葉鉄道学園の「第八回特設車掌科」に入った。今度の試験では、六十名ほどが合格していたが、その内の二十名が第八回生として先に学園生活に入ったのである。

その頃、千葉駅の裏手にある千葉公園近くにあった全寮制の鉄道学園は、新入職員や運転士、車両検修係等の生徒の教習も行なっていた国鉄職員用の教育機関である。

私は勝浦から通わなくてよくなったので通勤は楽になったが、机上教習の時間が長く辟易した。

教習内容は、まず、「運転心得」の中の「綱領」の暗記から始まる。

一　安全は輸送業務の最大の使命である。

一　安全の確保は、規程の遵守及び執務の厳正から始まり、不断の修練によって築きあげられる。

一　確認の励行と連絡の徹底は安全の確保に最も大切である。

一　安全の確保のためには、職責をこえて一致協力をしなければならない。

一　疑わしいときは手落ちなく考えて最も安全と認められるみちを採らなければならない。

と、五項目からなり、今でも諳んじられるほど、徹底的に覚えさせせられた。

車掌になるための勉強であるから、運転系統の学習は当然である。

「赤」は「停止信号」。「黄色・黄色」と二つ点いた信号は「警戒信号」、「黄色」が一つだけは「注意信号」。

▶車掌試験に合格した著者は千葉鉄道学園での研修生活に入った。右写真上、点線で囲んだ部分が鉄道学園で、右上部分が手旗訓練などが行われたグランド。平成に入って売却され、その跡地に平成13（2001年）年、千葉市中央図書館がオープンした。画面下には千葉駅が見える。（写真／国土地理院蔵）

「黄色」と「青」が同時に点いているのは「減速信号」、「青」は「進行信号」。こういった鉄道信号を基本から学んだ。

「赤」は絶対信号といわれ、何があってもその先に運転してはならない。「警戒信号」は二十五キロ以下の速度で警戒しながら進行する。「注意信号」は四十五キロ以下で注意運転をする。「進行信号」はその区間で認められた速度で走ることができる。

国鉄に入社したとき、この学園の初等科で一週間ほど鉄道業務の基本を学習している。しかしそれはもう五年前のこと。とっくに忘れてしまっている。だから、その基本を再び、徹底的に教えられる。

次は手旗合図訓練である。これは信号機が使用できない時や貨物列車に乗務した際、操車場や主な駅では専門の操車係がいて貨車の入換え合図を行うが、その他の途中駅での貨車の入換え合図は車掌が行うからである。

園庭に出て赤旗を左手に、青旗を右手に持って立つ。

二十名が十名ずつの二列横隊になり、その列が互いに見合って合図訓練が始まる。

その時の江澤講師は、車掌区で長年指導助役をやってきたベテランであった。

「みなさぁん、始めにぃ、皆さん方がぁ、各駅でどんな合図を教えられてきたか見てみまぁす」

「はぁい、列車のぉぉ、はいっ『停止』っ」、と講師の掛け声があった。

生徒全員が『停止合図』を執った。ひとりは、赤旗を前に突き出した停止合図、もうひとりは赤旗を横に広げている。次は、赤旗を頭の上に掲げている。その次は、赤旗を斜めに遠慮して掲げている。次は、赤旗を広げて、よく見えるようにと手で広げている。みんなバラバラである。

「ほうれ、わかりましたぁ、皆さぁん全員が合ってはいますがぁ、それでは貨車を入れ替える機関士が戸惑ってしまいまぁす。いいですかぁ、合図は相手に判るようにしてあげなければいけませぇん。いまのは、合図ではなく掲示でぇす。掲げただけではぁ、合図になりませぇん。それはあなた方のマスターベーションでぇす」

講義に飽きてきている生徒に、ときには、眠気覚ましに講師もいろいろ工夫しながら、少しでも学習に身が入るように、色気や笑いを誘う話を入れて講義する。

「はぁい、入換え合図っ、『突放（とっぽう）』」

「はぁい、機関車さぁ〜ん、来っちにぃ、こぉ〜い」

「はぁい、去れぇっ」

合図者からの位置によって、合図の仕方が変わるが、何度も何度も同じことが繰り返され、それでも、最後の方には、二十人全員の動きが揃ってくると見事な旗の動きに目を見張るほどで、やっている我々も心酔するほどきれいな旗の動きが執れるようになった。

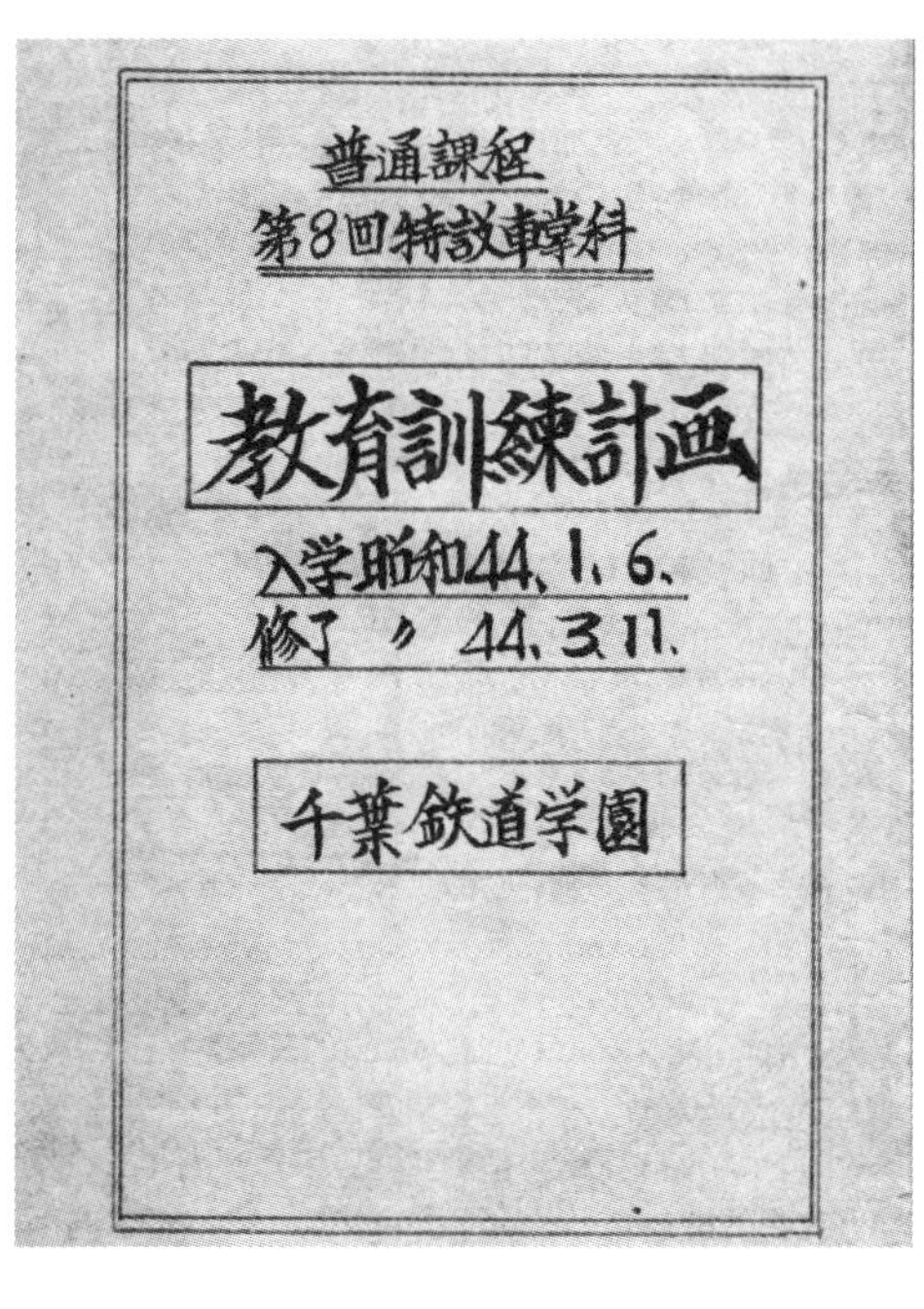
普通課程
第8回特設車掌科
教育訓練計画
入学昭和44、1、6、
修了 〃 44、3、11、
千葉鉄道学園

▶著者の手元に残る「普通課程第８回特設車掌科教育訓練計画」。仰々しいタイトルだが、要するに学習のしおりで、研修の目的や予定表、同期生名簿などが収録されている。

各駅の先輩たちから教えられた、要領のいいやり方を基本から直された。

相変わらず、座学の方がはるかに多い。各駅のホームで「客扱い」や雑務係の仕事をしていたから、座学になると、慣れない講義に居眠りが出る。生徒は全員二十歳を過ぎていて、中には結婚している者もいるから、講師も扱いをぞんざいにできない。また、なかには顔見知りの生徒もいるから、どうしても若い生徒が主に指される羽目になる。

私の名前は特に呼びやすいのか、いつも指された。

同期生に「矢代」という奴がいた。席は私より遠く離れていた。

受け持ちの石井講師は教壇に立つと、居眠りを始めた奴や興味のなさそうな奴を狙って指すらしい。ところが、この講師は活舌が悪いし、生徒の名前がいい加減だった。

「いま、言ったように、『Ａの信号機が防護する区間はここからこの区間である』。では、そのときのBの信号機にはどんな信号が表示されるのか？　吉野っ」

ええっ、俺っ？　俺はいま講義を聞いていたのに、と講師を見ると、教室の右後ろの方にいる「矢代」を指している。

指された「矢代」は下を向いていたから、自分が指されたことがわからない。

仕方がない。私が「はい」と言って立ち上がると、講師は「おおっ」とした顔をして、こっちへ振り向く。

私が「はい、『警戒信号』です」と答えると、講師は「矢代」と私を見比べた後、気まずそうに私の方を見て、「うむ、そうだな」といった。

「矢代」と「吉野」の音が似ているからか。言い間違えはしょっちゅうであった。

同じように何事にも真っ正直な「浅野」がいた。石井講師が、今度は私の方を向いて、「浅野っ」という。すると、私の代わりに「浅野」が直立不動に立って「はいっ」と返事をした。

この同期生たちは、それから五十年も経って七十歳半ばの年寄りになったいまでも、毎年同期生会を行う珍しく仲の良い仲間である。そして、同期生会で飲んだ時には、相互にこの話が出て愚痴られる。

だが、家族ぐるみで付き合っていた戸田や酒井、村磯、綾部は鬼籍に入ってしまった。

ガニ股で「反社会勢力」かと思われるような歩き方をする飛田と山田。飛田は呑んべぇで顔もごつく、下戸の山田は腰が悪いから仕方がないが、二人で歩くと親分子分のように見える。それに正反対の几帳面でおとなしい石橋と芹川。心臓病を持って満身創痍の田中。元町長の息子であり寮の同室で、夜遅くまで勉強していた高木。「俺はお前らと違って、万年平社員だったから、鉄道の本当の仕事を知っているのは俺だけだ」と会で一番威張りながら、一番の人気者の込山。前述した矢代や浅野を含めて、こういう輩をまとめているのが新行内委員長（今でも七十歳半ばの爺さんたちが「委員長」と呼ぶ）である。彼は一番

▲いざ乗務ともなれば誰にも頼ることはできない。事故発生時の訓練は実戦さながらであった。写真は千葉県では珍しく大雪の降り積もった日、車両用信号炎管の点火訓練中の著者（写真中央が本人）。無事に発火に成功したようですな〜。

▼普通課程第８回特設車掌科教育修了記念写真。わずか２ヶ月ほどの学園生活を共にしただけだが、その繋がりは在職中、そして退職した今になっても長く続いている。３列目右から２人目が著者。

の年長者で、クラスが落ち着かない奴らばかりだったから、講師たちに「教員室」に呼ばれ「もっとクラスをまとめなさい」と何度も何度も叱られた。そのせいだろうか、今では耳が遠くなってしまい、重度の補聴器をつけている。

その同期会もいよいよ解散の話が出てきている。誰もが愛すべき同期生だが、やはり年には勝てないようである。

■欠乗対策

乗務を指定された電車に乗り遅れることを「欠乗（けつじょう）」という。運転士であれ車掌であれ、乗務員が最も恥じなければならないのが、この「欠乗」である。

「欠乗」には、三つの事象がある。一つ目はそもそも出勤時間に遅刻することによるもの、二つ目がちゃんと出勤して乗務を開始したが、乗務を乗り継ぐ休憩時間を見誤るなどして次に乗務すべき電車に乗り遅れるもの、三つ目が泊まり勤務の時、朝起きられないというものである。

車掌になるための学園生活でも、講師からとことん、乗務員の「欠乗」は最低であると、染み込ませられる。

車掌区に泊まる場合は、そこの用務係が「○○さぁん、時間ですよぅ」と朝起こしに来てくれる。

だから、「欠乗」はない。

しかし、「お起し番」のいない駅や宿泊所に泊まる場合は、自分で「目覚まし時計」をかけて起きなければならなかった。現在は「自動起床装置」という、時間になると敷布団の下に敷いてある空気袋がぷぉうおぅ、と奇妙な音を立てて膨らみ起こしてくれる便利な機械があるが、その頃はどこの宿泊所（乗務員の泊まる所）でも、目覚まし時計であった。その宿舎の時計のベルは、けたたましくガァ、ガガガァ、と鳴るものもあれば、ケ、ケケケ……、と鳴るものもあり、またトロトロトロ、と鳴るものもある。それは宿舎により違い、また乗務行路の時計によっても違った。

寝る前に必ず「試し鳴らし」をして、これが明日の朝の自分の起床する時計の音だと確認して時間をセットする。

私はこの目覚ましが鳴る前に必ず起きることができて時計を鳴らさなかったことが自慢である。しかし、中には自分の時計が鳴っていてもいつまでも起きない輩や、時計のセットボタンを押さないで宿舎を出ていってしまい、鳴りっぱなしにする輩もいて閉口した。

車掌、いや、同じ乗務員である運転士もそうであるが、仕事の夢を見るのは必ずこの「欠乗」の光景である。

退職した今でもその夢でうなされることがあり、ひとつの職業病といえるかも知れない。

始めの乗務を終えて休憩に入り、食事に出かけて町の食堂に入るやいなや直ぐ帰って来いと電話が入る。急いでホームに駆けつける。だが、あろうことか、私が乗務するはずの電車はもう発車している。急いでその電車を追いかける。が、電車は待ってくれない。急いで、線路と並行している道路を走って電車を追いかける。しかし、電車は逃げるように走っていく。いくら走っても追いつかない。それでも必死になって走る。が、追いつけない……。

こんな夢はしょっちゅうで、身も心もへとへとに疲れる。だから、必然的に時間に厳しくなる。デートには必ず三十分前には待ち合わせ場所には行き、時刻通りに来ない彼女にいらいらし、会議には十分前には席に着く。いまでも、目覚まし時計が無くても、その時刻に起きられるし、何分経ったかのおおよその時間経過がわかる。時間に対応できる体質になってしまったのかもしれない。

私の同僚にF君（イニシャルは同じだが、小岩駅のF氏とは姓が違う別人）という人物がいた。車掌としては一期先輩である。すごくまじめであるだけでなく、「特別改札」という繁忙期の臨時の車内検札では特に優秀であった。二百枚もの車内精算を取り扱っても一円の間違いも出さない。

腕の良い車掌は車内改札で良い「売上」を上げる。そんな車掌は決まって暗算での釣り銭計算だけでなく、釣り銭そのものを出すのが早い。ズボンのポケットにある釣り銭用の十円玉は手の感触でしっかりその数を掴み取ることができる。十円玉を十個と言えば十個、五個と言えば五個、その数を指の感触で瞬時につかみ取ることができるのである。

また、F車掌は体調の悪い車掌が出て乗務できないと知ると、率先して乗務を変わってやる人柄の持ち主でもあった。

そんな優秀な彼に、昔のことを想い出させてしまうのは心苦しいが、それはある日の午後のことであった。F車掌は千葉駅から総武線に乗務して秋葉原駅に着いた。秋葉原駅は山手線の乗換駅だから乗降客が多い。

いつものように電車が停車したのを確認してドアを開け、乗降客の乗り降りを確認して、発車ベルを鳴らした。乗客は乗り終えた。

通常、車掌は乗務員室に入って乗務員室のドアを締め、その窓から顔を出して乗客の乗り終えたのを確認して、駅員の合図を受けてから、電車のドアを閉める。

しかし、その日、F車掌は目先のホームに落とし物（ハンカチだったか？）を見つけた。それを拾うと、ホームの柱の所に「落とし物」を置いた。そして、駅員の合図を受けたから、乗務員室のドアを開けて片足を乗せただけの状態で電車のドアを閉めた。

閉扉。電車はゆっくりと走り出した。

そのとき、Ｆ車掌の左足がトンとホームに当たった。「おぉっ」と思った瞬間、ホームに取られた足がトントンと電車を二、三歩追いかけるようになってバランスを崩し、前のめりになってそのままホームに転倒した。

先頭にいる電車運転士がそれを知ろうはずがない。電車は次の停車駅の御茶ノ水駅へとまっしぐらに走り去ってしまった。

「欠乗」。

Ｆ車掌は慌てた。

もちろん、秋葉原駅でも、車掌がホームに転んで電車に乗り遅れたのを見ていたお客さんやホームの駅職員も驚いて大騒ぎになった。

秋葉原駅から御茶ノ水駅までは約九百メートル。

Ｆ君はとっさに線路に飛び降りると、必死になって線路伝いに電車のあとを追いかけた。

車掌のいない電車は、無事に御茶ノ水駅に着いた。が、ドアが開かない。車掌が乗っていないのを知った運転士がドアを開けた。

その頃、Ｆ君は線路の中を必死になって電車を追い駆けていた。必死だったから、鉄橋の上ということなど眼中にない。駆けて駆けて、見事、御茶ノ水駅で待っていた電車に追いついた。

その翌日、新聞、テレビで「車掌欠乗」が大きくしっかりと報じられてしまった。

千葉鉄道管理局組織図（現業部門）

●昭和52（1977）年10月1日現在の千葉鉄道管理局の、実際に列車を運行させる部門の組織一覧。車掌区は著者ら車掌が配属されている「組織（部署）」を指す場合と、「建物（あるいは部屋など）」を指す場合がある（他も同様）。

そして、線路に降りて電車を追いかけた行為に、「欠乗よりも危険な行動はするな」と上司からこっぴどく叱られた。

彼はうなされるような「欠乗」の夢を、その後何度も見たに違いない。

■乗務中の便意のこと

車掌として乗務しているといろいろなことがある。

電車に乗務して一番困るのが、やはりトイレ問題である。乗務する前の日はあまり水分を取らないようにするというのは乗務員の鉄則である。だが、なかには常に腹具合の良くない人もいる。

佐藤という私と同い年の男がいた。神経質なのだろう、乗務するときになると、どうしても腹の調子が悪くなる。乗務前になると二度三度とトイレに駆け込んでいた。

総武線がまだ高架になっていなかった頃の話であ

る。その頃の総武線は人身事故や踏切事故、車両故障などでよく止まった。

ある日、錦糸町駅付近で人身事故が発生して総武線全線が運転できなくなり、長時間電車が止まった。駅のホームに掛かって長時間止まるなら乗客も乗務員もトイレに行くことができる。最近では異常時にはできるだけ駅と駅の間（『駅間』という）に電車を止めるようなことはしないが、その頃は少しでも前へ進めさせる指示があり、電車が数珠つなぎとなって駅ではない線路上に長時間停車することも少なくなかった。

佐藤の乗務していた電車は船橋駅の手前で停止した。人身事故であるからすぐには運転再開はできない。すると、緊張からか、彼の腹がグルグルと鳴りだした。下っ腹が痛い。額から冷や汗も出てきた。我慢ができなくなった佐藤は運転士に「ちょっと電車からおりますから」というと、運転士の「どうした？」という問いかけに返事もしないで、電車から飛び降りた。そして、スルスルと線路脇の土手を飛び降りると、一棟のアパートの一室のドアをトントンと叩いた。

何だろうとドアを開けたその家の女性に「すいません、そこに停まっている電車の車掌ですが、トイレを貸してもらえませんか」と青い顔をして頼み込んだ。

その女性は土手の上の電車と車掌を見比べていたが、冷や汗を流している佐藤を見て、急いでトイレのドアを開けてくれた。

用を足して電車に戻った時、運転士から「もし、車掌さんがいない間に運転再開の連絡が入ったら、どうしたらいいのかと迷ったよ。車掌さん、お願いだから、トイレは乗務する前にしっかりとはたいてきてくださいよ」と懇願された。

佐藤は終点の中野駅についたとき、「やぁ、吉野さん、今日は沿線のアパートに救われましたよ」と得意顔で私にその話をしたのだった。

そう話した直後に「おっと、いけねぇ、まだ残りがあった」といってまた中野車掌区のトイレに駆け込んでいった。

トイレにまつわる話はいろいろあるが、沿線のアパートまで駆け込んだ無作法な輩は、彼だけだろう。

■春風のいたずら

房総半島は海に近いせいか、常に風が強い。車掌として乗務していても、うっかりして帽子が飛ばされそうになることがある。

それは内房線の上総湊駅辺りでの話である。

春のうららかな昼頃であった。その日も、強風というほどではないが、やはり風の強い日であった。

車掌の乗務行路はローテーションが決まっていて、同じ行路（乗務する電車）に乗務するのは、大体三カ月に一度ぐらいの割合である。

千葉駅から乗務し木更津駅を過ぎると、内房線はさらにローカル色が強くなる。

乗務している私も、のんびりとする乗務線区に入った（とはいえ決して気持ちが弛んでいる訳ではありません。念のため）。青堀、大貫、佐貫町、と田舎の駅を過ぎて上総湊駅に到着する。ホームに着くので私は「到着監視」体制に入り、車掌室から顔を出して電車が停止するのを待った。

すると、いつもその位置から乗車しているのだろう、女子高生三人が最後部車両の乗務員室前の乗降ドアにあたる位置で待っている。卒業間近でいつもより早い下校時間になったらしい。

▲車掌時代に使っていた道具のうちのいくつかは今も著者の手元に残っている。写真は各駅で開くドアを記した一覧で、左が内房線、右が総武本線のもの（ケースの大きさで天地 159mm ×左右 110mm）。どの路線にも乗務できるよう、自分の勤務区内のものを各自で手書きして携帯していた。

電車は所定の位置に停止した。

「停止位置よしっ」

私はホームの停止位置の表示を確認して、小さく指差し喚呼した。

すると、ホームにいる女子高生の一人がちらっと私の顔を見て、うふふっ、と笑った。

私は、決められている「指差し喚呼」をしただけなのに心外な、と思いながら、電車のドアを開けた。そして、乗務員室からホームに下りて乗客の乗降を見ながら、出発信号機の確認をした。信号は「青」。

「出発進行」

ホーム先端にある出発信号機の「進行信号」を確認して、乗務員室に入る。乗務員室の窓から顔を出して乗客の乗り終わるのを待つ。

その間、女子高生三人はなぜか、直ぐに電車に乗ろうとしない。

私は、発車の笛を強く吹いた。

「わぁ、急いでぇ」と女子高生二人が乗り、慌ててもう一人が電車に乗ろうとした。そのとき、ホームと電車との隙間から春の風がひゅうっと吹き上がった。すると、女子高生のスカートがものの見事に吹き上がった。まさに、地下鉄の空気溝から風に吹かれたマリリンモンロー状態になった。

女子高生は「いやぁぁあん」とモンローと同じような声を上げた後、私の顔をキッと見た。しっかりとイチゴの下着が目に入ったものの、覗き込んだのではない。私は何も見なかったようにして前方を注視した。

彼女は微かな恥じらいを見せながらも、にやっと微笑むように私の顔を見たあと電車に乗り込んだ。

私は戸惑って微妙な顔をした。

そのまま電車は発車した。

彼女たちは二つ目の駅で下りた。すると、スカートが吹き上がった女子高生が、私のところまでそそと近寄ってくると小さな声で「今度はお金取るわよっ」と、小悪魔のような笑いを添えて言うと、ホームを戻って行った。

私は思わず、吹こうと構えていた笛（ホイッスル）を落としそうになった。そして、慌てて発車合図の笛を吹いたが、息が抜けてピリュリュリュ……と間が抜けた音になった。

その音に振り向いた彼女がクスッと笑ったのが見えた。

私はそれに目をやらないようにしてもう一度力強く笛を吹いた。

■ブレーキ故障発生　～退行運転合図者～

車掌になっていざという時に困らないように「異常時の対応」については学園研修時ばかりでなく、年に一度程度の割合で実設訓練（実際に状況を設定した訓練のこと）が行われる。

しかし、ひとつとして同じ事故は発生しない。だから、事故対応も千差万別ということになる。

乗務員たちはいつも何か事故が起きないだろうかと、びくびくしながら乗務しているというのが本音である。「どんな事故が起きようとも俺は大丈夫、万全に対処できる」と思っている人はほとんどいないはずである。しかし、誰も予想できないようなとんでもない事故が発生したことがあった。

渡辺車掌はベテラン。外房の漁師町の出身で、体格もいいが言葉遣いも漁師言葉で、心強さは我々とは一枚も二枚も上であった。

「おまえらなぁ、何をびくびくしながら車掌やってんだぁ。事故があったら腹を据えてやればいいんだよう」と気合を入れられたことがあった。

そんな彼が、総武線の車掌として乗務していた時のことである。

電車は千葉発三鷹行き。千葉駅を発車して西千葉、稲毛、新検見川駅、幕張駅と何事もなくホームの客扱いをして発車していた。そして、津田沼駅が近づいてきた。運転士はそれまでの駅で停車したときと同じようにブレーキを掛けた。

が、なんと電車の速度が落ちない。

その時、渡辺車掌は津田沼駅が近づいてきたので「到着監視」のため車掌室の窓から顔を出していた。

だが、いつもと違って電車はスピードを落とさず、すーっ、と津田沼駅を通過していく。それどころか、電車の右側のドアが突然、全開になってしまっていた。

「あれれれ、こりぁあいかん」と思って車掌用の非常ブレーキをかけようと目の前にある車掌弁（緊急用の非常ブレーキ）の紐を引っ張った。しかし、車掌弁は何の抵抗もなく、すかっと押し下がった。非常ブレーキが効かない。いつもなら大きな排気音を上げて非常ブレーキがかかるはずなのである。

渡辺車掌は急いで運転士に車内電話をした。が、運転士は電話に出たものの、慌てていて何を言っているかわからない。それでも、ブレーキが効かない、ということだけは理解できた。もう一度、非常ブレーキ用の車掌弁を引いてみた。が、やはりすかすかした感触だけで、なんの作用もしなかった。

「追突」。

直ぐにその言葉が頭をよぎった渡辺車掌はあわて始めた。

車内のお客さんをみると、午後四時をとうに過ぎた頃の電車であったため、空いていてほとんどの乗客は椅子に腰かけていて、ドア付近から転落した人はいなかったようであった。

渡辺車掌は車内放送で「お客さまにお知らせします。ただいまこの電車にブレーキ故障が発生しました。右側のドアが開いております。電車の左側に移動してください。それから、お客さまは手摺りでもなんでもいいですから、しっかりとお掴まりください。どこでもいいですからしっかりとお掴まりください！」と必死に放送した。

再び最後部の車内を見ると、車内放送を聞いた乗客たちが青い顔をしてこっちを見ている。どの顔も恐怖に怯えているのがわかった。

電車は先ほどよりやや減速したように思えた。が、それでもまだすごい勢いで走っている。次の駅は船橋である。おろおろしているうちに、船橋駅も、すーっと通過していく。

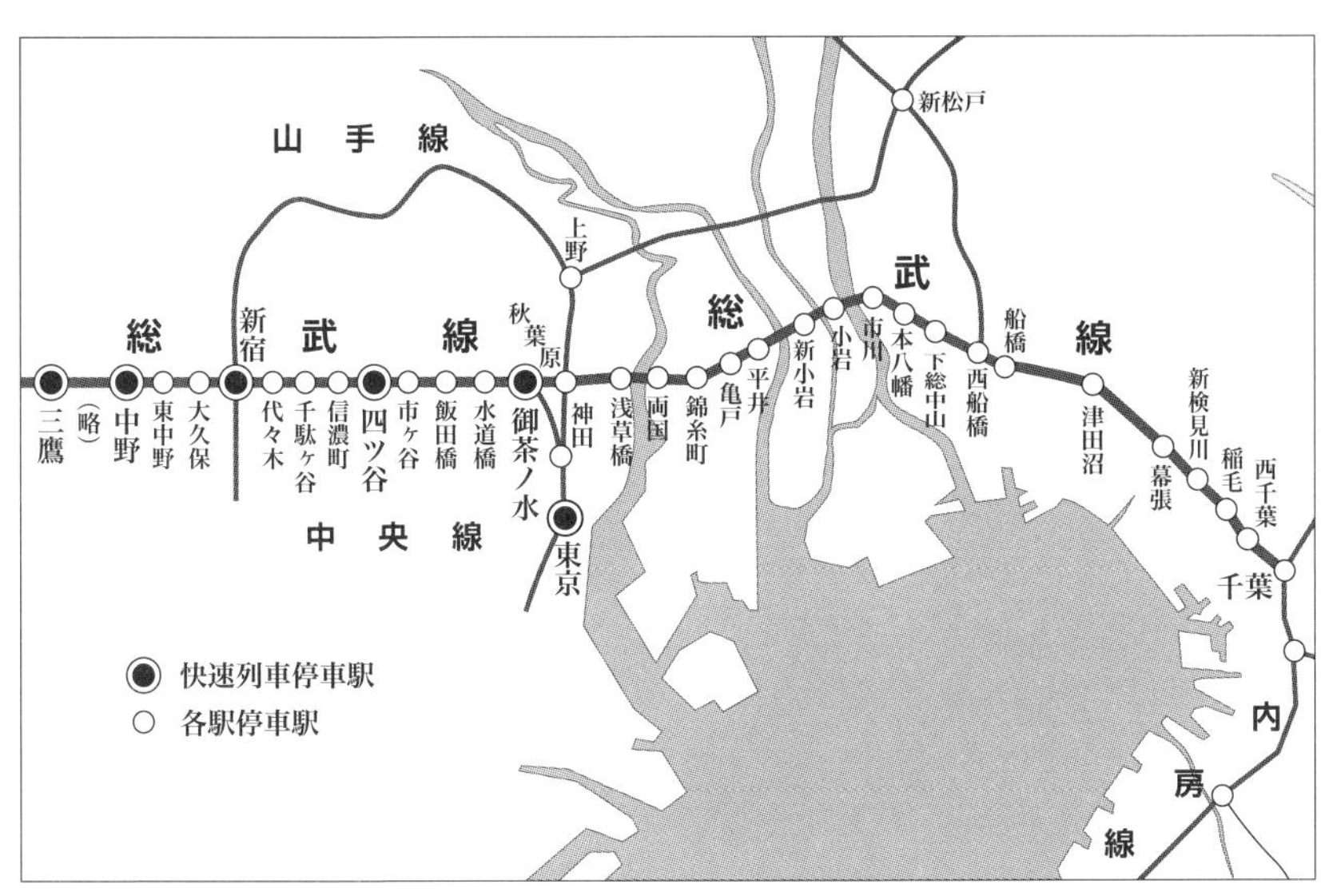

▲総武線各駅停車は千葉から三鷹まで（御茶ノ水から三鷹方面へは快速として中央線が並行して走る）。総武横須賀線と京葉線はまだできておらず、東船橋駅と幕張本郷駅は 1981 年の開業だ。

ホームで電車を待っていたお客さんたちの中には、電車が来たと思ってホームに書かれた電車のドアの乗車位置に立って待っていたのに、停車する気配もなく通過していく様子を見て、口をあんぐりとしている人もいる。ホームに立っている駅員が赤旗を振って止めようとしているが、運転士がブレーキをかけ忘れているのではなく、機械的故障なのだから止まるはずがない。

渡辺車掌はただただ車掌室の手摺りにかじりついたまま途方に暮れた。電車は西船橋へまっしぐらに進んでいく。もし、その途中で前に走っている電車があったら、「追突」。渡辺車掌の脳裏には、津田沼駅を過ぎた頃からこの「追突」の文字が確実な言語になって頭の中にちらつき始めている。この速度のまま追突したら大惨事になる。渡辺車掌はうろ覚えの念仏を唱えた。日蓮宗だか真言宗だかわからない。ただただ、うろ覚えのお経を唱えた。

電車は、またもや西船橋駅を何ら減速することもなく通過した。

渡辺車掌は観念した。すると、今度は家族のことが脳裏に浮かんできた。もうなす術がない。ただ手摺りに齧り付いているだけである。いままで通り過ぎた駅で、前に電車がなかったのは不幸中の幸いだった。まだ電車は平然として走っている。いよいよ覚悟の時だと身構えた西船橋駅でもなんとか「追突」は免れている。

次は下総中山。掴まっていた手摺りも冷や汗でぐっしょりと濡れている。これで四つの駅を通過することになる。いかに夕方のラッシュ前の、間隔のひらいた電車ダイヤであろうと、もう追突は免れない。渡辺車掌は覚悟した。

間もなく下総中山駅、という地点にさしかかる。電車の速度はさらに減速はしていたものの止まる気配はない。また通過か、と思い、車掌室の窓から顔を出した。すると、電車は急に減速をしたかと思うと、のろのろ走りになり、最後にガクンと力強く停止した。

停まった。漸く電車が止まったのである。ホームから二十メートルほど飛び出してはいたが……。

渡辺車掌はその後どのようにお客さんをホームに下ろしたか記憶がない。

後に、渡辺車掌に聞いた話だが、この電車の運転士は、この間にいろいろな緊急停止手配を行ったがどれも効き目がなく、最後の手段として「パンタグラフを下した」のだ、という。だったら、最初からそうすればよかったのでは、と言うと、「パンタグラフを下ろしてしまうと電車のあらゆる機能が作動しなくなる。それが怖くてできなかった」との答えであったという。

総武線は全線で抑止(運転中止)。大事故になった。この電車を収容しなければ、他の電車は動かせない。

その日、私は「予備」の車掌として千葉車掌区で待機していた。「予備の車掌」は、他の車掌が具合が

(1)

讀賣新

THE YOMIURI SHI

(日刊) 第33651号

総武線

片側ドアあけっ放し暴走

開閉装置・ブレーキ故障

七百人乗せ三駅素通り

片側のドアあけっ放しで、８キロを突っ走り、下総中山駅も通過しかけてやっと止まった電車

おそかったパンタグラフ操作

▲調べてみると渡辺車掌が遭遇した事故は昭和 45 年５月 18 日に発生したものであったことがわかった。これはその翌日の読売新聞の１面で、右側のドアを全開にしたまま（お客さんは少なく、幸いにして転落した人はいなかった）、突っ走ったという。原因は車両を構成する部品が折れ、電気配線と空気管の両方を切断したためであった。（『読売新聞』昭和 45 年５月 19 日付より）

悪くなったり休んだりしたら、急遽乗務を代わる役目である。

ところが、この大事故の発生により故障電車を救済する「救援列車」を仕立てることになり、その「救援列車の車掌」を命じられた。

車掌区の待機室にいた私は当直助役に呼ばれた。だが「救援列車の車掌」が何をすればいいのか、直ぐには頭の中の整理がつかない。車掌になるとき、鉄道学園の教習で散々勉強してきたが、それも三、四年も経てば忘れてしまう。こんなこ

とは一生のうちであるかないかの大事故である。なかには車掌になっても事故一つなく終わる人もいるというのに……。

すると、

「いいか、故障電車を救援列車に連結して、津田沼駅まで退行（走ってきた方向と反対方向に運転すること。自動車のバック運転と同じ）させて、津田沼電車区の車庫へ収容する。だから、おまえは救援列車で『退行運転合図』をするんだ」

と、当直助役の指示を受けた。

車掌区内もこの事故の影響でごった返していて、いつまでも私のことなどに構っていられない。その時、指導助役が来て、「大丈夫だよ。私も傍にいるから、私の指示通りに合図をすればいいんだよ」と言ってくれた。

これで私は安心できた。

総武線の電車が運転できないので、千葉駅から津田沼駅までタクシーで向かった。

津田沼駅から下総中山駅までを「一閉そく区間」と指定して、その区間には他の電車は入れなくする運転方式を設定した。津田沼駅に停まっていた救援列車（いつもの総武線電車十両編成）は、私が乗務すると待っていたかのように発車した。

運転速度は時速十五キロ以下の「注意運転」である。しかし、慎重に慎重を期して、その運転速度はさらに遅い速度で運転された。津田沼駅から下総中山駅まで営業キロでも七・七キロある。だから、到着までかなりの時間がかかった。下総中山駅の手前で一旦停止。その後、救援列車と故障列車を連結。計二十両の電車が組成された。それまでにはまたかなりの時間がかかった。

やがて、退行運転開始。

「退行運転合図」も開始だ。なんのことはない。救援列車の運転士は私の脇の運転台に座って退行運転するから、私の合図は儀式のようなもの。前頭車になった車掌室から顔を出して青旗をひらひらと振り続けるだけであった。

故障列車の車掌室からは、中継として同じ青旗を振っている車掌がいる。その青旗を渡辺車掌が振っているのかは、わからなかった。その二十両の列車がカーブに差しかかって後方を見ると、これまでには見たこともない長い長い電車になっていた。一両二十メートルの車両が二十両も繋がっていれば、四百メートルの長大電車である。

救援作業が終わって夜遅く車掌区に到着したとき、渡辺車掌から臨場感溢れるその怖さを聞いた。そして、その恐怖の顔色は渡辺車掌からしばらく消えなかった。

私が救援列車の退行運転合図を行ったのも、これが最初で最後であった。

その後、事故原因が調査され、当該電車の中間車両の電気配線とブレーキ管の破損という極めて異例な事故原因であったことが判明した。

これも翌日の新聞、テレビに大々的に放送された大事故であった。

■最初で最後の人身事故

乗務員には事故がつきものだと何度も書いたが、乗務中のその胸中はびくびくものである。

鉄道事故は踏切事故から人身事故まで多種多様にあるが、鉄道の人身事故は手も足も、時には首までもが轢断されることがある。いろいろな死体を扱う警察官や消防署員のみなさんに尋ねてみても、この鉄道人身事故がもっとも悲惨であるという。直接、事故に遭ってしまった日には、食事もできなくなる職員もいる。それほど悲惨で、恐怖、驚愕、修羅、地獄。あらゆる艱難辛苦、阿鼻叫喚の文字を書いても書き切れないほどのおぞましいものである。

私は、二十三歳で車掌になった。しかし、その後、永らく人身事故の現場に遭遇することはなかった。ところが、車掌になって九年目、三十三歳になろうとする頃のことである。

この頃の総武線は複々線高架化工事の真っただ中であり、まだ地上を走っていた。それは夏の日の夕方であった。漸く暑い日が暮れようとした十八時三十四分（いまでもこの時間を覚えている）、私の乗務した電車は千葉駅を発車してから遅れもなく順調に走っていた。下総中山駅を定時に発車して本八幡駅に到着しようとしていた。この辺は踏切がたくさんある。

その時、プシュウー、という嫌な音とともに非常ブレーキがかかった。

「じ、事故、踏切事故っ」

私の全身に冷や汗とともに驚愕が走った。

「ツー・トントン・ツー」

運転士から車内電話に出ろ、というブザー合図だ。いよいよ、事故。私は震えながらも覚悟して電話に出た。

すると「車掌さぁん、そこの踏切に若い女の人がいるでしょう。その人、いまこの電車に飛び込もうとしたんだ」と言った。そのあとも落ち着いた声で「ちょっと踏切周辺を見てきてくれますかぁ」と念を押された。

それは一大事だ。その人を保護しなければならない。私は「はいっ」とは言ったものの、震えが止まらない。それでも、仕方がない。職務である。乗務員室から降りて、踏切周辺の不審な人を探した。が、夕方なのにその付近には誰もいない。踏切内はもとよりその付近にも人の気配がない。もう驚いて逃げてしまったのかもしれない。

私はひと通り踏切付近をもう一度見て回ったが、人の気配がないのを確認して電車に戻った。

乗務員室に戻ると、

「運転士さん、いないですねぇ。人影は見えないですねぇ」

「そう、いま、飛び込もうとしたから、こっちもびっくりして何度も警笛を鳴らしたんだ。驚いて逃げたのかもしれないねぇ。いなければいいんだ、それじゃあ、行こうか」

と運転を再開した。

市川駅を過ぎ小岩駅に到着した。すると、駅構内放送で「本八幡駅付近の踏切で人身事故発生」の放送とともに私の電車も止められた。ホームの駅職員からも同じく「本八幡駅手前の踏切で人身事故が発生した」旨の情報が入った。

すると、運転士から電話に出ろというブザー合図が再び鳴った。

「車掌さぁん、やっぱりいたんだねぇ」

と言われた。私は返答もできず、事故に遭わなかった妙な安堵と、後続に人身事故を起こさせてしまった反省とも後悔ともつかない複雑な思いを感じた。

その後、人身事故の対応が行われ、しばらくしてから運転が再開された。

終点の中野駅に到着すると、後続電車の車掌だった椎名車掌が私を見つけて、

「吉野さん、ひでぇなぁ、前の電車が踏切で止まったという情報が入って、嫌な気分で走っていたら私の電車がやっちゃったよ。吉野さんがよぉく見て保護してくれていれば、私がやることはなかったし、何より人助けになったのになぁ……」

と恨めしそうに言われた。

私は返す言葉がなかった。

この恨み節は、同じ舎宅に住んでいた椎名車掌と顔を会わせる度に言われた。

そして、車掌歴九年九カ月。主任職試験に合格し、どうやら来月の一日付で支社に転勤するかもしれないという噂が立ち始めた。残り一カ月で車掌業務も終わり、あとは発令を待つだけとなった。

その間ずっと千葉車掌区の所属のまま（九年九カ月もの間、同じ車掌区にいるのは異例）、総武線の電車乗務から急行列車にも乗務する「専務車掌」の発令を受けていたが、主に内房線と外房線の普通列車に乗務し、時に総武本線、成田線にも乗務したので、千葉県中の線区のほとんどに乗務したことになる。あと一カ月で、九年十カ月の車掌としての乗務業務が終わる。

一カ月ともなれば、乗務回数も残り十二、三回ということになる。これまで私個人としては大した事故もなく、特に、直接の人身事故には一度も遭っていない。

それは、中秋の早朝のことであった。

私は昨日から外房線に乗務し、今朝は五時二十三分の安房鴨川発千葉行き六両編成の二番電車に乗務した。その電車には、安房小湊駅から発車する電車に乗務する車掌が便乗していたので、安房小湊駅まで車掌は二人いた。便乗してきたのは、まだ車掌になって二年足らずの、若くて折り目正しい野村車掌である。

▲当時の千葉県内各方面では113系の電車が快速、各駅停車ともに使用されていた。著者が乗務員時代に最初で最後の直接的な人身事故に遭遇した際の車両もこのタイプであった（撮影／佐藤哲哉）

朝早い乗務に、二人は寝ぼけ眼で二番電車に乗務した。安房鴨川駅を定時に発車。しばらくすると平地から上り坂になるが、そこから右手に見える太平洋の絶景も、いまはまだ暗くて見えない。中秋の朝は日の出が遅い。

坂を上り切ったと思った瞬間、ブシューっと非常ブレーキがかかった。まだ乗り出して一駅にもついていない。というよりも始発駅を発車したばかりである。まだ頭が寝ぼけている私には何が起きたのか考えが及ばない。

すると、運転士から「ツー・トントン・ツー」と電話に掛かれのブザー合図だ。

私は車内電話を取った。

「車掌さん、人身事故だっ、俺は山側を捜すから、車掌さんは海側を捜してくれ」と落ち着いている。どうやらベテランの運転士だ。

「野村さん、人身事故だ、二人で降りて捜そう。運転士が海側を捜してくれってさ」

「えっ、」

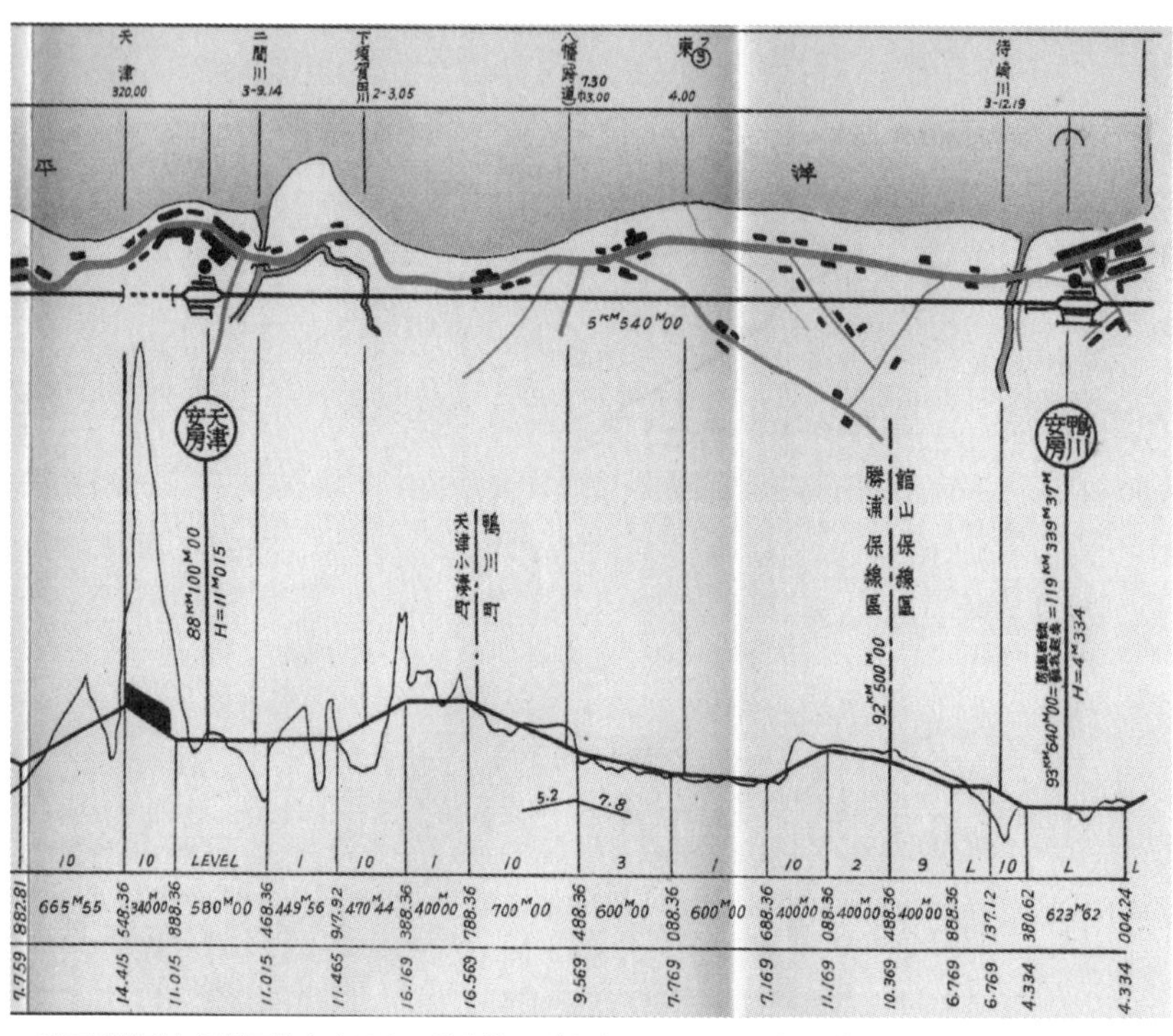

▲安房鴨川駅から外房線を上ると、発車後しばらくして長い登り坂に差しかかる。車掌として最初で最後に体験した人身事故はここで起こった。図は千葉鉄道管理局発行『線路一覧略図』より。千葉を起点として作られているため、東西が実際とは逆になっていることに注意。

野村車掌は絶句した。「私もですか、私は便乗者ですよ」という顔をしている。が、直ぐに覚悟を決めたように、行きましょう、と言ってくれた。

これで二人である。一人より果然心強い。

野村車掌も運転士が海側を捜せ、と言った時から嫌な気配を感じ取っていた。こんな時は、運転士が右を捜すと言えば左に、左と言えば右に死傷者がいる。運転士は飛び込んだ死傷者がどちら側に飛ばされているか、おおよその見当がつくからだ。だから、ベテランの運転士のときは大体、最初の発見者は車掌ということになる。それを予感しているのである。

それでも、私たちは暗い線路脇の

草むらや車両の下を覗き込んだりして捜した。が、見つからない。見過ごしているのかもしれないと思いながら慎重に捜したが、まだ明けやらない朝の暗さでどうにも見つけることができなかった。

電車の前から二両目ぐらいまで探しに来たが、見つからない。運転士からも何の応答もない。

そこで私は、

「野村さん、これから先は野村さんが一人で捜してください。私は指令に連絡してきますから」

と声をかけた。事故発生の一報をまだ指令室に連絡していない。

「ええっ、ぼ、僕一人でですかぁ」

「そうだよ、一人で捜してよ、私は本務車掌だから指令室に事故発生の報告をしなければならないからね」

と、電車の後方にあるだろう沿線電話（緊急連絡用に五百メートル毎に線路脇に設置された電話）から指令室に報告することにした。

不謹慎ながら、この時は、しめしめこれで私は死傷者と遭うことはない。野村車掌が多分見つけてくれて、慌てふためきながら私や運転士を呼びに来るだろう、などと考えながら、私は後方の沿線電話機を捜していた。

やがて、電車の最後尾からさらに三十メートルほど後方の線路脇に沿線電話機が立っているのを見つけた私は、細い線路脇の側道を現場から逃げるようにして駆け出した。そして、沿線電話機にたどり着いた。そのとき、足元にふわっと何かが触れたように感じた。が、そのまま、足元も見ずに沿線電話機の取っ手を握って外蓋を開けた。ガシャッと蓋の音が鳴った。

瞬間、足元でふぅぅーと人が勢いよく息を吐き返す不気味な音が聞こえた。はっとして足元を見た。足元には黒々とした物体が横たわっている。私は、ひぃぃぃぃー、と飛び上がった。

それでも受話器を取って耳に当てていた。

「はい、こちらは外房指令、どうしましたか」

「二二八M車掌、よぉ、し、のです。い、いぃまぁ人身事故発生、でぇす」

「死傷者はどうしました」

「はっ、ここ、ここ、ここにいましたぁ……」

私はそれだけをいうのが精いっぱいであった。後はどうやって野村車掌や運転士に伝えたか覚えていない。

そのあと、安房鴨川駅から駆けつけてくれた駅員に後事を頼んで五十分遅れで現場を発車した。このときにはいささか参った。自分の根性の無さと心の醜さをまざまざと思い知らされた。

それ以来、『何事からも絶対に逃げるな』を肝に銘じて勤務するようになった。

■文学交友録

ところで、私は車掌になってしばらくして結婚した。給料が安いから共稼ぎである。鉄道学園の初等科同期生の藤崎という男に「安いアパートを探してくれ」と頼むと、「叔母が新田町でアパートを経営しているから頼んでやる」といわれて、千葉駅から数分の所にあったアパートに入ることができた。

しかし、非番でアパートに帰っても、妻は昼間の働きに出ているから、アパートに居ても何もすることがない。

同僚の中には、千葉駅から少し離れたところにある千葉競輪場に足繁く通う人もいた。しかし、予想を

平成10年１月17日　第11回鉄道文学会全国大会　　ホテルグランヴィア京都

▲余暇の嗜みとして始めた文章書きであったが、やがて国鉄文学会へも出席するようになり、全国の会員たちと知己を得ることとなった。写真は鉄道文学会と改称されたのちの全国大会の様子を伝えるもの。３列目右から４人目著者。その右に田中俊明氏、著者の前列に千葉隆氏の顔が見える。

当てて景気のいい話を聞くこともあるが、仲間から金を借りる話の方が多かった。

私はパチンコをやってみたが、直ぐに球がなくなる。宝くじを買っても当たったことがない。まして、同期生のひとりは競輪にはまって一、二度大きな借金をして実家に助けてもらったうえに、その後行方不明になるなど、賭け事が身の破滅になることを身に染みていた。

そんなある日、私は貧乏ながら母が買ってくれた木製の華奢な机（これは現在でも使用している）に向かって、職場から持ってきた国鉄新聞を読んでいた。その中に「国鉄文芸欄」というコーナーがあり、読者が投稿した俳句、短歌、川柳が掲載されているのを見た。

暇な私は、勝浦の実家の二軒隣の同級生の家に、昔、芥川龍之介が逗留したという茅葺き屋根の長屋門があり、勝浦湾の絶景が一望できるその部屋で遊んだこと（いまはなくなってしまった）などを思い出し、それにあやかるわけではないが、ひとつ俳句

▲宇高連絡航路に転じた今井泉氏とは親交が続き、四国を訪れながらも連絡をしなかった際には愛情溢れる叱責をいただくこととなった。写真は氏が船長をしていた「讃岐丸」の同型船「土佐丸」。

を作って投稿してみると、名前だけが掲載された。これに気を良くした私は次に詩を投稿した。そして、佳作に入賞した。

すると、支社厚生課の文芸担当で、自らも海女文学の第一人者と言われていた岡田輝雄氏から「お前はもっと長いもの（小説）を書いてみたらいい」と勧められ、またその気になって小説らしきものを書きだした。そして、父を題材にして書いた「船乗り」が昭和四十八年国鉄文芸年度賞の佳作になり、書くことの喜びを知った。

当時、国鉄は全国の職員から寄せられる文芸が盛んで、千葉でも「鶏騒動」で半田義之氏が芥川賞をとり、「黄塵」の上田広氏などが文壇に名乗りを上げ、「文芸千葉」として全国で有名であると知らされた。

そこで非番、休日にぼんやりとしている時間を使って長いもの（せいぜい原稿用紙三十枚程度）を書いてみるようになった。

あるとき、国鉄文学会全国大会があることがわかった。それは、韻文、散文を投稿するそれぞれ七、八十人ほどの作者が全国から集まり、懇親を深める会であった。そこで、全国の国鉄文芸人を知ることができた。なかでも青函連絡船の船長だった当時の作品『溟い海峡』『ガラスの墓標』で二回も直木賞候補に挙がった今井泉氏も知った。なぜか、今井氏は国鉄文学会で部屋に一人でいるときに、私に声をかけて下さり、夜遅くまで話をしたことを覚えている。会うなりの開口一番が「書いてますか」であった。なお、『溟い海峡』は土曜ワイド劇場（サスペンスドラマ枠）の通称「高橋英樹の船長シリーズ」の原作にもなっているので、ご存じの方も少なくないと思う。さらに平成三（一九九一）年には『碇泊なき海図』でサントリーミステリー大賞読者賞を受賞された。

しばらくして今井氏が青函航路から四国の宇高航路に転勤になり、「讃岐丸」の船長をしているから四国に来たときは声をかけるように、と言われた。そのお声から一年と経たないうちに、妻と四国旅行に出かけた。が、声はかけず、家へ帰ってから「四国へ旅行に行ってまいりました」と手紙を書くと、なぜ連絡してこなかったんだ、と強い口調の手紙が返ってきた。その後の文学会でも部屋に呼ばれると「年寄りにそんな寂しい思いをさせるもんじゃない」と微笑しながらいわれた。いつも温厚にしていて、愛猫と写った年賀状が届いたが、平成二十五（二〇一三）年に鬼籍に入られた。

この国鉄文芸年度賞では、小説部門で「若手三羽烏」が活躍したときがあった。三人とも三十代で、名古屋局の田中俊明がまず一席になり、その後、私が一席を取ると、負けず嫌いの北海道局の千葉隆が一席を取った。ともに昭和二十一年生まれで、年度賞には毎年三人の誰かが上位に入選した。中でも、田中は二度も一席を取った。三人は全国大会で顔合わせをすると、意気投合し、自分の作品をそれぞれに回して創作意欲の停滞をなくすための『三人会』を作るなどして頑張った時もあった。

このときの意気込みから、私は最後の「国鉄文学会事務局長」となった。すると、長年に亘り事務局長

▲文学グループ「槇の会」の同人誌『槇』。年１回の発行に向けて、会員たちは執筆に励んだ。表紙を飾る画稿は東京消防庁のヘリコプター機長を勤めていた鈴木康之氏の筆によるもの。

を担当された永田博氏（著書に『往復切符』『歴史の中の東京駅ものがたり』などがある）から、今後の国鉄文学会のあり方について鶯谷の居酒屋（焼き鳥が有名だった）で何度もご指導を受けた。しかし、この二年後、国鉄は民営化され、国鉄文学会も消滅した。

　そんな先輩たちが退職し、「ちばてつ」文芸も衰退し始めた頃、私が厚生課保健係長になった時、千葉鉄道病院に、澁谷婦長が転勤してきた。彼女、いや、澁谷女史は私より十歳以上も年上で体格もずうっとよく「ねぇ、あなた、私の作った俳句をみてくれる」と、作り始めた俳句を持ってきて「ねぇ、あなた」ときた。女史は誰にでも「ねぇ、あなた」から話が始まる。婦長だけに「風をひいたら、たくさん食べて、たくさん寝て、たくさん水分を取って汗を流すの。忙しいから風邪をひいたからって寝てなんかいられませんからね」と豪放に言う。まさに体力も気力も重戦車のような逞しいお方であった。いまでも俳句や短歌をやられているらしいが、会に出ると、

▲槇の会勉強会出席時の会員一同。前列右端が会の中心的人物であった遠山あき氏、その左が『チロリン村とクルミの木』の原作者恒松恭助氏。最後列中央に顔が見えるのが鈴木康之氏、その左が著者。

誰も手を上げない雰囲気の中、ひとり手を上げて大きな声で講師に質問するという。相変わらず、勤勉豪放さは健在である。

また、衰退し始めた「千葉鉄文学会」に、上部工務部長が転勤してきて文学部長になってくれた。絵画だけでなく俳句や短歌をうたわれる方で、この部長が転勤してきたときは、工務部の部下の中に文芸をやってみたいという職員もおり、その職員を集めて会を盛り上げてくれた。上部部長のお陰で「文芸千葉」も息を吹き返したが、部長が転勤するとともに衰退していった。

そして、私が退職して間もなく「ちばてつ」文芸も消滅したと聞いた。いまはないらしい。

こうした一方、昭和五十年代、千葉日報主催の「千葉文学賞」に入選した人たちで「槇の会」を作りませんか、と遠山あき氏から電話が入った。千葉文学賞入賞の常連である遠山氏は六十歳で小説を書き始めた方で、のちに「農民文学賞」を取るなど、会の中心となって活躍された。

そして、その主幹には当時ＮＨＫの人形劇『チロリン村とクルミの木』の脚本を書かれていた恒松恭介氏がなってくれた。勉強会では「文学とは腸(はらわた)から沸き起こる人生の『反吐』を書くものだ」と常に力説されていた。

このおふたりには、不良会員だった私はなぜか可愛がられたようであった。もっとも、自分の年の半分にも満たない会員が心許なかったのかもしれない。

その会の中に、絵も文も立ち、本職は東京消防庁のヘリコプターの機長という三拍子揃った鈴木康之氏（詳しくは後述）もいて良き飲み仲間になった。

発足した会の中でも強烈だったのが、明智さんという女性であった。この女性は千葉文学賞に入選どころか、ようやく文を書き始めたばかりという方であったが「私は子供に自分の作品を読み聞かせをしたいのでこの会に入りました。いつか千葉児童文学賞を取れるように勉強します」と入会時の挨拶で言っていた。そして、二年後、その言葉どおり、千葉児童文学賞を受賞した。この印象深い女性もいつしか会を去ってしまった。

もっとも、私は会に飲み会があるときだけに出席する不良会員だったから、人のことを言えない。この会は直接に鉄道とは関わりのないものだったが、私と文学との純粋な繋がりを作ってくれた大事な存在といえた。

しかしその後、管理職になった時、

「『二足の草鞋』なんか履いていていて、職場管理はだいじょうぶか」

と上司から言われて、十数年の間ペンを置いた。先述した先輩たちからは「なぜ書かないのか」と言われたが、職場で何か起こったときの負い目となるのを避けたかった。

また、自分の文才と力量を知っていたからである。

退職した今では、写真と随筆の安達克氏や、詩、小説の高井力雄氏、評論の三本木昇氏の集まりにお声をかけていただき、細々と執筆を続けている。

車掌

第三章　平社員、七転八倒
～支社時代～

■貨物指令

九年十カ月の車掌勤務が終わり、千葉局営業部貨物課の貨物指令勤務の辞令が来た。その頃は国鉄の主な駅では旅客列車だけでなく貨物も扱っており、貨車の連結作業等を行い、貨物列車の組成（貨車を連結して列車として作りあげること）も行っていた。しかし、私はこれまで貨物を取り扱ったことがなかった。小岩駅に配属された当初は貨車の取り扱いはあったが、三カ月も経ったときに廃止されたからだ。貨車の略号のトム、トラ、トキ、コキ、といわれても、今でもあまり良くわからない。それが貨物指令員に発令されたのである。

銚子、八日市場、佐倉、館山、佐貫町、勝浦、茂原といった千葉県下の駅の貨物線にはいろいろな貨車が停まっている。新小岩操車場から組成された貨物列車は内房線、外房線、総武本線、成田線と運転されていく。また逆に、千葉県下から新小岩操車場へ集約された貨車は、ここから全国へ発送されていった。貨物指令はその線区の各駅の有効長（駅構内の長さ）の範囲に納まっているかを確認しながら、各駅に貨車の連結数を指示して貨物列車を組成させ、運転する。

昭和五十年代は、貨車の需要は減少してきており、どこの駅でも行き場のない空貨車が駅構内に滞留していた。その難しい空貨車回しを私が空車番として担当するのである。

その当時、銚子駅に横浜さんというベテランの貨物係がいた。指令電話でやりとりするだけなので、顔も知らない。

その頃の貨物係はその駅の『主（ぬし）』と言われるほど長くいる偏屈者や屈強な人ばかりで、駅長や助役もあまり指示、指導ができるような人たちではなかった。

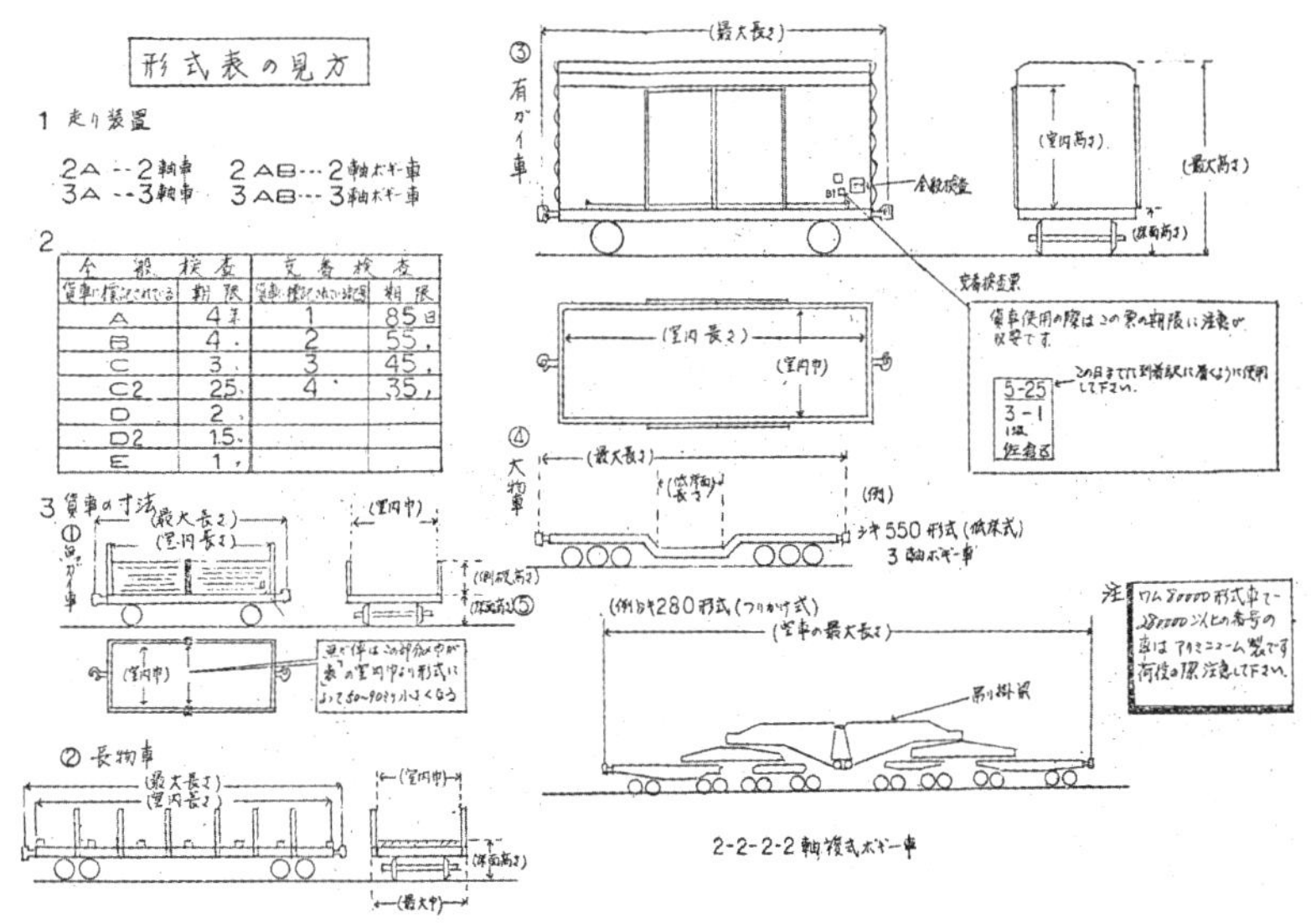

全般検査		交番検査	
貨車に標記されている	期限	貨車に標記されている記号	期限
A	4年	1	85日
B	4,	2	55,
C	3,	3	45,
C2	2.5,	4	35,
D	2,		
D2	1.5,		
E	1,		

▲貨物指令に配属された著者はこれまで馴染みのなかった貨物列車の取り扱いに苦慮することとなった。写真は当時のマニュアルで、この後ろに貨車の全長、搭載量などを列挙したページが続く。

今日の貨物指令長は関係長である。関東支社内（現在の首都圏）では名が通った腕利きの「貨物の生き字引」である。課内で一番ひ弱い空車担当の私の時は、決まって関係長が一緒に組ませられた。

関係長は厳しかった。貨物指令は『貨報』という、毎日各駅の貨物係から電話で知らせてくるその駅の滞留貨車（駅にある貨車）の情報を整理して、報告用紙（縦三十センチ、横五十センチほどあった）に記入するのが重要な仕事のひとつだった。

「いいか、貨物指令は他の指令とちがう。両耳と手作業の三か所を一度に使って作業をしなければならない。左耳で受話器を受けたら、右手で『貨報』の報告を受けて記入する。右耳では隣りの指令員がいまどんな作業をしているか、どんな指示を相手に出しているか、「捨て耳」を使って聞き、指令室内の状況も分かるようにするんだ。その三つが一遍にできて貨物指令員だ」と鍛えられた。「捨て耳」という言葉は、嫌というほど指導された。

その日も、銚子駅発の貨物列車は、途中駅の各駅

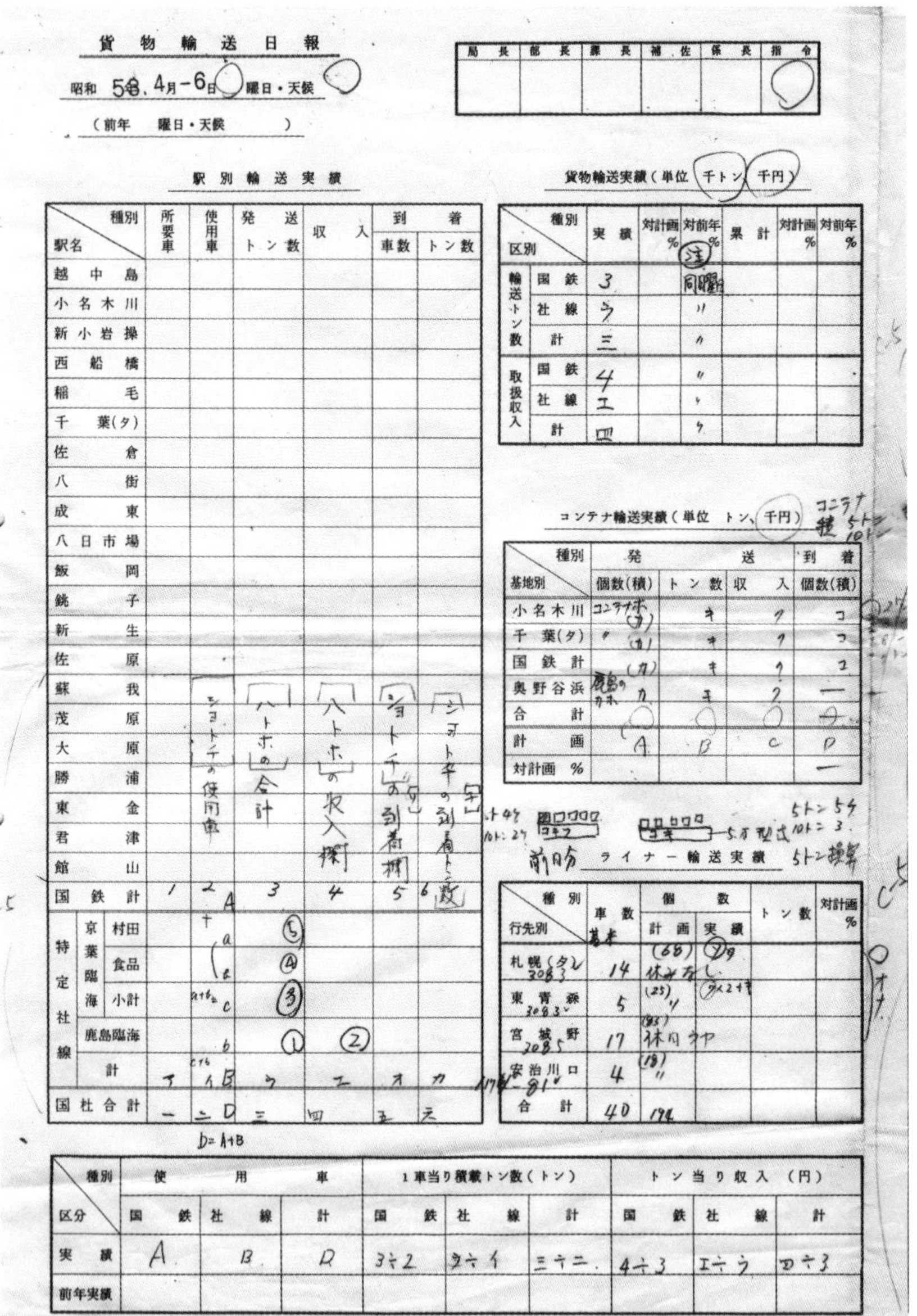

貨物輸送日報

昭和 58. 4月 - 6日 曜日・天候

（前年 曜日・天候 ）

局長	部長	課長	補佐	係長	指令
					○

駅別輸送実績

駅名 ＼ 種別	所要車	使用車	発送トン数	収入	到着 車数	到着 トン数
越中島						
小名木川						
新小岩操						
西船橋						
稲毛						
千葉(タ)						
佐倉						
八街						
成東						
八日市場						
飯岡						
銚子						
新生						
佐原						
蘇我		ショトチの使用車	ハトホの合計	ハトホの収入欄	ショトチの到着欄	ショトチの到着トン数
茂原						
大原						
勝浦						
東金						
君津						
館山						
国鉄計	1	2 A	3	4	5	6
特定社線 京葉臨海 村田		a	⑤			
特定社線 京葉臨海 食品		b	④			
特定社線 京葉臨海 小計		c	③			
特定社線 鹿島臨海		b	①	②		
特定社線 計	ア	イ B	ウ	エ	オ	カ
国社合計	一	二 D	三	四	五	六

D=A+B

貨物輸送実績（単位 千トン、千円）

区分 ＼ 種別		実績	対計画 %	対前年 %	累計	対計画 %	対前年 %
輸送トン数	国鉄	3		同曜日			
	社線	ウ		〃			
	計	三		〃			
取扱収入	国鉄	4		〃			
	社線	エ		〃			
	計	四		〃			

コンテナ輸送実績（単位 トン、千円）

基地別 ＼ 種別	発送 個数(積)	発送 トン数	発送 収入	到着 個数(積)
小名木川	コンテナ本 (ア)	キ	ク	コ
千葉(タ)	〃 (カ)	キ	ク	コ
国鉄計	(カ)	キ	ク	コ
奥野谷浜	鹿島のカキ カ	キ	ク	—
合計	○	○	○	○
計画	A	B	C	D
対計画 %				—

前日分 **ライナー輸送実績**

行先別 ＼ 種別	車数	個数 計画	個数 実績	トン数	対計画 %
札幌(タ) 3083	14	(68) 休みなし			
東青森 3083	5	(25) 〃			
宮城野 3085	17	(83) 休日ダイヤ			
安治川口	4	(18) 〃			
合計	40	194			

区分 ＼ 種別	使用車 国鉄	使用車 社線	使用車 計	1車当り積載トン数(トン) 国鉄	社線	計	トン当り収入(円) 国鉄	社線	計
実績	A	B	D	3÷2	ウ÷イ	三÷二	4÷3	エ÷ウ	四÷三
前年実績									

▲「貨物輸送日報」の実物。縦軸に千葉管内の貨物取扱駅が、横軸に発送トン数や車両数、到着トン数があり、この情報を収集する。この右側にもページがあり、積載された貨物の内容を書くようになっていた。なお、これは著者が練習用に使ったもので、記載してある数字や日付はダミー。

から少しずつ空車を連結させて、最終的に十八両で新小岩操車場に入れる計画を立てていた。

「吉野、今日は各駅から空車は三両ずつだ。積車（貨物を積んだ貨車）が六両あるから、それ以上は付けさせるなよ」と関係長の厳命である。このあと、八日市場、成東、佐倉からの空車を三両ずつ連結する。各駅に残った空車の救済は、別の貨物列車で行う、と連絡した。

銚子駅を貨物列車が発車した。八日市場駅に到着後、貨車の入換え作業が行われて発車した。

そのとき、関係長が「なんか変だなぁ」と首をひねった。各駅から報告してくる貨車の組成の連結両数に疑問を抱いている。

「吉野、空車指示は大丈夫かっ」

「はい、各駅三両ずつ全駅に連絡しました」

「そうか、でも貨車の換算両数が合わねぇぞう」

「……」

私には何が何だかわからない。

貨車は貨物を積載したときは、一両をそのまま一両ではなく、積み荷の重量を加えて一・二両とか一・三両と計算する換算方式を取っている。

すると、関係長は、

「ちっきしょう、横浜にやられたな」

と言うと銚子駅に電話しはじめた。それでも私は何がどうしたのかわからない。

「横浜さん、カラ（空車）は何両付けたぁ」

「何両って、空車担当から指示を受けただけ付けたよ」

と平然としている。

「じゃあ、三両だね」

「えっ、三両ですかぁ、六両だったんじゃなかったっけぇ」

「指示は、三両だ、吉野が指示したとき、俺は横で聞いていた。間違いなく三両、三両って指示をしていたぞ」

「悪ぃ、悪ぃ、聞き間違えちゃったよ」

と平然としている。確信犯である。彼のやり方はいつもこうだ。自分の駅の構内の空貨車を早く整理したいと思って先付け（どこの駅よりも先に連結してしまうこと）してしまう。

いつも指令員泣かせの駅員である。

関係長が怒り出した。

「よぉし、待ってろよ。これから銚子駅に空車を三十両もブチこんでやるからなっ、覚悟しておけよっ」

と怒鳴り返す。

これにはいかに横浜氏でも降参し、

「係長申し訳ない。それはやめてよ、今度からそんなことはしないからさぁ。そんなに弱い者いじめはやめてくださいよぅ」と泣きが入る。

横浜氏はこうして一旦は平身低頭して謝るが、一カ月もすると、関係長のいない時にまた同じようなことを繰り返した。ほとほと彼には泣かされた。

か弱い貨物指令員を見兼ねたのか、こいつはだめだと見限られたのか、私は配属から半年も経たずに総務部人事課に転勤になった。

貨車連結順序表

第9号表（第12条）

昭和44年2月8日382列車　C58

順序	貨車 記号及び符号	貨車 番号	発駅	着駅	品名	換算両数	記事
1	ヨ					1.0	
2	ワム		[illegible]	[illegible]		2.4	
3	ワム		〃	〃		2.4	
4	ワム		[illegible]	[illegible]		2.0	
5	トラ		岩本	[illegible]		2.4	途中取卸
6	トラ		〃	〃		2.2	途中取卸
7	トラ			[illegible]		2.2	
8							
9				7両＝15.0			
10							
11							
12							
13							
14							
15							
16		44.1.15					
17							
18							
19							
20							
21							
22			→シワケ	1.0	ワム	2	空
23			→シワケ	0.8	ワ	1	空
24			シワケ	1.8	ワム	6	空
25			→シワケ	0.8	トラ	4	空
26			シワケ	1.6	ワム	5	
27							
28							
29							
30							

登録64−1652−G32　貨2　B4長辺½　筆記用55　43.8（東洋館納）

貨車連結順序表

第9号表（第12条）

昭和44年2月6日373列車

順序	貨車 記号及び符号	貨車 番号	発駅	着駅	品名	換算両数	記事
1	ヨ					1.0	
2	ワム			[illegible]		1.6	
3	スム			[illegible]		2.4	
4	ワラ			〃		1.0	空
5	レテ			〃		1.4	空
6	ワラ			〃		1.0	空
7	ワ			〃		0.8	空
8	ワラ			〃		1.0	空
9	ワラ			〃		1.0	空
10	ワラ			〃		1.0	空
11	ワム			〃		1.0	空
12	ワム			〃		1.0	空
13	ワラ			〃		1.0	空
14	ワム			〃		1.0	空
15	ワム			〃		1.0	〃
16	ワム			〃		1.0	〃
17	ヨ			〃		1.0	空
18	レム			〃		1.0	空
19	ワム			〃		1.0	空
20	ワム			〃		1.6	
21	レム			[illegible]		2.2	
22	社ト			[illegible]		1.6	
23	ワム			〃		2.4	
24	レテ			八日市場		1.4	空
25	社ト			成東		1.6	
26	社ト			〃		1.6	
27	ワム			〃		1.6	
28	ヨ					1.0	
29				28＝36.2			
30							

登録64−1652−G32　貨2　B4長辺½　筆記用55　43.8（東洋館納）

▲「貨物連結順序表」は題名の通り、貨物列車の組成を示すもの。連結された貨車の種類、着駅、トン数などが記載される。大体は手前の着駅から順番に切り離せるように工夫されていた。これも勉強用に書かれたもの。

●参考：貨物車の記号

最初が車両の種類、2番目が積載重量を表す

ヨ：車掌車（車掌の「よ」が由来）	（なし）：13トン以下
ワ：有蓋貨車（ワゴンが由来）	ム　：14～16トン
ト：無蓋貨車（トラックが由来）	ラ　：17～19トン
レ：冷房車（冷蔵が由来）	サ　：20～24トン
	キ　：25トン

■雑用三羽烏〜フーテンの青、ハッタリの山、いい加減の吉野〜

人事課新米の私は、給与係に発令された。給与係は、その当時の千葉鉄道管理局職員九千三百人の中の一般職員全員の給与を管理する人事課の、一番下っ端の部署である（駅長、区長などの指定職や駅、区の助役などの管理職は任免係が行う）。

現場にいたとき、「人事課の連中は威張ってばかりいる」と、上司や先輩からよく聞いていた。「もし、人事課に行っても威張るなよ」が先輩たちの口癖であった。その頃から私は『実るほど頭を垂れる稲穂かな』を座右の銘としていた。

来る日も来る日も、電算から打ち出された職員個人の給与が、正規の数字と間違いがないか、のチェックである。毎日赤鉛筆を尖がらせて、「給与・○山△夫・三職群二四号俸」などと打ち出された給与表を赤鉛筆で、ポチ、ポチ、ポチ、とチェックしていく単純作業である。また、ここでも新米なのでその間に雑用もある。人事課長を始め課長補佐、係長へのお茶淹れもあり、課内清掃その他の雑用もやらなくてはならない。

人事課には私より半年ほど前に任免係となった山崎（通称ヤマちゃん）と要員需給係の青木（通称パクちゃん）という一歳上の職員が二人いて、この三人で雑用係をすることになっていた。『人事課三羽烏』と言われたが、何のことはない『雑用三羽烏』であった。

朝は同じ総務部の文書課（一般社会でいう総務課）、労働課、厚生課等の誰よりも人事課が早く出勤することが慣例となっており、総務部、経理部の各部課長と補佐のその日の動静（勤務状況）を聞いて回り、文書課に報告に行くのが日課になっていた。それは人事課庶務担当の私の役目ではあったが、定時は九時始まりなのに毎朝一時間半も前には出勤し、各課の庶務担当が出勤するのを待って、それをまとめて文書課の文書課補佐に報告しなければならなかった。

要員需給係の青木は、労働課とともに労働組合との労働交渉の窓口であった。国鉄労働組合（国労）や鉄道労働組合（鉄労）、千葉動力車労働組合（動労千葉）などの各組合との打合せや交渉が多かった。特にその頃は労働事案が多く、青木は一番下っ端だから、人事課長や補佐、係長からの指示が多い。そうは言っても、そう毎日、組合との交渉がある訳ではない。

なのに、青木は「おい吉野、ちょっと俺は出てくるからな」と「どこへ？」と聞く間もなく、先輩面して人事課を出て行く。

そんな時には決まって要員需給の補佐や係長から「おい吉野、うちの青木を知らないかぁ？」と聞かれる。

「はい、さっき出てくると言って出ていきましたぁ」

「どこへ？」

「わかりません」

「どこへ行くかぐらいは聞いておけよ」

「はい、すいません」

謝るのはいつも私である。それを青木に言うと、

「悪ぃ、悪ぃ、早めに組合の根回しをしなけりゃならないときがあるんだ。おめえにはわかってほしいなぁ」と弁解する。

青木は糸の切れたヤッコダコ、どこへ行っているかとんとわからない。だから、私は「フーテンの青」と名付けてやった。

蛇足だが、そんなフーテンとどこか気が合って、いつも夜遅くなってからふたりで飲みに行ったが、決

まって「吉野、給与係は毎日夜遅くまでポチ、ポチ、といい加減なチェックをしていて、それでいい仕事をしてると思ってんのかぁ」と言われた。それに、「フーテンのおめぇなんかに言われたくねぇ」とやり返す仲であった(給与係は職員の給与を厳しくチェックをしているから、帰りは通常二十一時半過ぎ、夕食は出前を頼むのが常であった)。

次に任免係の山崎である。

任免係は職員の異動の発令をする係である。管理職から一般職員までの転勤の発令をする部署だから、助役はおろか駅長クラスまでもが彼にペコペコしている。青木と彼は同年齢であるため、常にライバル意識があるのか、あまり仲がいいとは言えなかった。

青木は要領がいいから、朝の掃除の時間になると「今日は組合との事前打ち合わせがあるから、掃除を頼むよ」と言ってどこかに行ってしまう。

「仕方ねぇなあ」、朝早くから仕事じゃしょうがない。

私が一人で掃除をしていると、山崎が出勤してくる。

「あれっ、よっちゃん一人で掃除かぁ」

「うん、青さんは組合と事前打ち合わせだとさ」

「あいつ、また逃げやがったなぁ」

ってな、具合である。

その山ちゃんだって、掃除の終わる間際に出勤してきているのだから他人のことは言えない。

その頃人事課のW補佐が山崎を可愛がっていた。W補佐は人事課の主といわれるほど在籍が長い。人事課長を始め総務部長でさえ一目置く人物である。私なんぞは生来の要領の悪さからこのW補佐から「君はなぜもっと要領よくできないんだ」と何度もお叱りを受けたものだが、山崎は機転が効くからW補佐の笠の下に入り、可愛がられて力も持った。田舎の駅長などには目もくれない。時には目上の駅長に大声を上げる。それでいて、駅長連中からすこぶる評判がいい。酸いも甘いも噛み分けているのかもしれない。

だから私は「ハッタリの山」と名付けてやった。

ある日、給与係長の寺島係長から「おい、吉野、お前ら三人にあだ名が付いてるってほんとうか、言ってみろ」と言われた。

「いえ、そんなあだ名はないと思います」

「ほんとかぁ、ちらっと聞いたことがあるんだぞう。そんな秘密にすることでもあるめぇ」

と催促されると、隠しておくこともない話である。

「はい、青木はいつもふらふらして『フーテンの寅さん』と変わらないから、『フーテンの青』です。山ちゃんは空威張りばかりするから『ハッタリの山』です」

「それじゃあ、お前はなんていうんだ」

そう聞かれて、なんて答えてたらいいかわからない。咄嗟に、青木の「いい加減なチェック」を思い出した。

「そうですねぇ、『いい加減の吉野』です」

それを聞いた寺島係長は、よく言い得ているという満足げな顔をして、「おう、そうか、そうか」といったあと、顔をのけ反らせて笑った。

それから当分の間、三人のあだ名は私たちが人事課にいる間密かに呼ばれて笑われていた。

そして、彼らは優秀だからいつまでも人事課に残ったが、私は二年後、文書課に転勤になるのである。

■ジェット燃料輸送対策

（一）成田闘争

私が人事課にいた頃の国鉄は、成田空港の開港に伴う混乱、いわゆる「成田闘争」の真っ只中であった。羽田空港に代わる近代的国際空港として昭和五三（一九七八）年五月に開港した成田空港（当時の名は新東京国際空港）だが、その建設予定地を持っていた農家（戦後になって手にした荒れ野をようやくのことで田畑として開墾した、血と汗の結晶のような土地であったという）や周辺住民の騒音・安全への懸念に起因する建設反対と、左翼系の過激派とが結びついたものである（実際のところはもっと複雑な事情が絡んでいる。なお、周辺住民たちは次第にテロ行為と化する過激派の行動に対して心を離していった）。

本来、成田空港で使われる航空機用のジェット燃料は地下輸送管で送油する計画であったが、埋設工事が遅れていたために鉄道輸送で賄うという案が浮上した。これが成田空港反対派の過激派と千葉動力車労働組合（動労千葉）との共闘に発展し、ジェット燃料輸送の直接、間接の妨害行為となったのである。国鉄の各職場にも過激派の影が入り込んでいた。

この頃、人事課内で給与係から懲罰褒賞を担当する賞罰係（懲罰については係長が担当）に配置変えとなっていた私は、職員の反対闘争への参加の現場確認（現認という）と対策をとるため、この闘争の真っただ中に放り込まれることとなった。

ジェット燃料輸送用の貨物列車の運行は、旅客列車が走らない深夜から早朝にかけて設定されている。その貨物列車を牽引する機関車の機関士の乗務を阻止しようとする労働組合と、運転する機関士を確保しようとする当局との戦いであるが、そのため我々の昼間の勤務は通常どおりであった。毎朝、定時に人事

▲昭和 53 年に成田空港が開港、パイプライン建設の遅れから燃料供給は鉄道輸送で行うこととなり、その運行を妨害する労働組合との戦いが連夜繰り広げられた。写真は鹿島橋梁を通過中の燃料列車。

課に出勤して通常業務を行い、十八時に業務を終えると直ちに対応する各職場に向かう。組合は転々と闘争拠点を変更したため、当局もそれに対応すべく対策拠点が変わった。そこは銚子運転区であったり佐倉機関区、津田沼電車区、千葉運転区、千葉駅、成田駅、幕張電車区などと日々変わり、その対策は二十一時過ぎから明け方まで行われた。そのため、数日間職場に寝泊まりすることも常であった。

対策拠点に着くと、巡回班は直ぐに駅や電車区の構内巡回を始める。構内への不審者の侵入を阻止するためである。広い構内を一時間巡回して休憩は三十分。二交代で行うから、休んだと思うと直ぐに巡回である。それに構内の線路にはバラストの砕石が敷き詰められているから、足を取られてすこぶる歩きにくい。平地を歩く何倍も疲れる。

貨物列車の発車時刻が来ると、当局職員が機関士を警護しながら機関車に向かう。組合員は団結してそれを阻止しようとする。ただ、阻止行動といっても直接暴力を振るわれるのではなく、組合員が罵声と怒声を当局者に浴びせてくるのである。その中を当局職員はただ黙々と機関士を機関車まで送り届けるのであった。毎晩、そして長期にわたって続くその対策で、双方とも疲労困憊していった。

そんな中の昭和五十六年三月二日、過激派約三百名による成田駅構内乱入事件が発生した。

その日、いつものように労働組合の対策を行っていた人事課の同僚は、ビデオカメラで成田駅構内の状況を撮っていた。そこへ突然に、駅構内へ過激派が乱入、というより襲撃があった。ビデオカメラのレンズを覗いていた同僚は、一瞬、何が起こったかわからなかった。突然の悲鳴と怒号に今まで感じたことのない恐怖を覚えた。目の前で、棒状のものを持った過激派が辺りかまわず振り回している。身の危険を察した彼は、ビデオカメラを回したままであるのも忘れ、無我夢中になって逃げ出した。その場からどうやって逃げおおせたかわからない。しかし、ビデオには逃げ惑う足音と恐怖の叫び声、転びながらも必死で逃げる様子がしっかりと記録されていた。その映像は、最後に彼の足元だけをしばらく映して途切れていた……。

人事課に戻ってきた同僚は青白い顔をして、ビデオを再生しながらその時の恐怖を私たちに話してくれた。それまでは同じ国鉄職員の闘争への対策をしている程度にしか考えていなかった我々も、この事件以降、過激派の存在がいかに危険であるかを肝に銘じるようになった。

そんなことがあってからのある日、私は津田沼電車区の対策に回った。電車区の広い構内では、あちらこちらで拡声器で当局を避難する声が喧噪を煽っている。赤い労働組合旗は数えきれない。組合員たちは白いヘルメットを被り、五、六名が竹竿に一列になって並び、数列のスクラムを組んでジグザグ行進をして威嚇している。精鋭の青年部は赤旗を何本も並べて先頭に立っている。

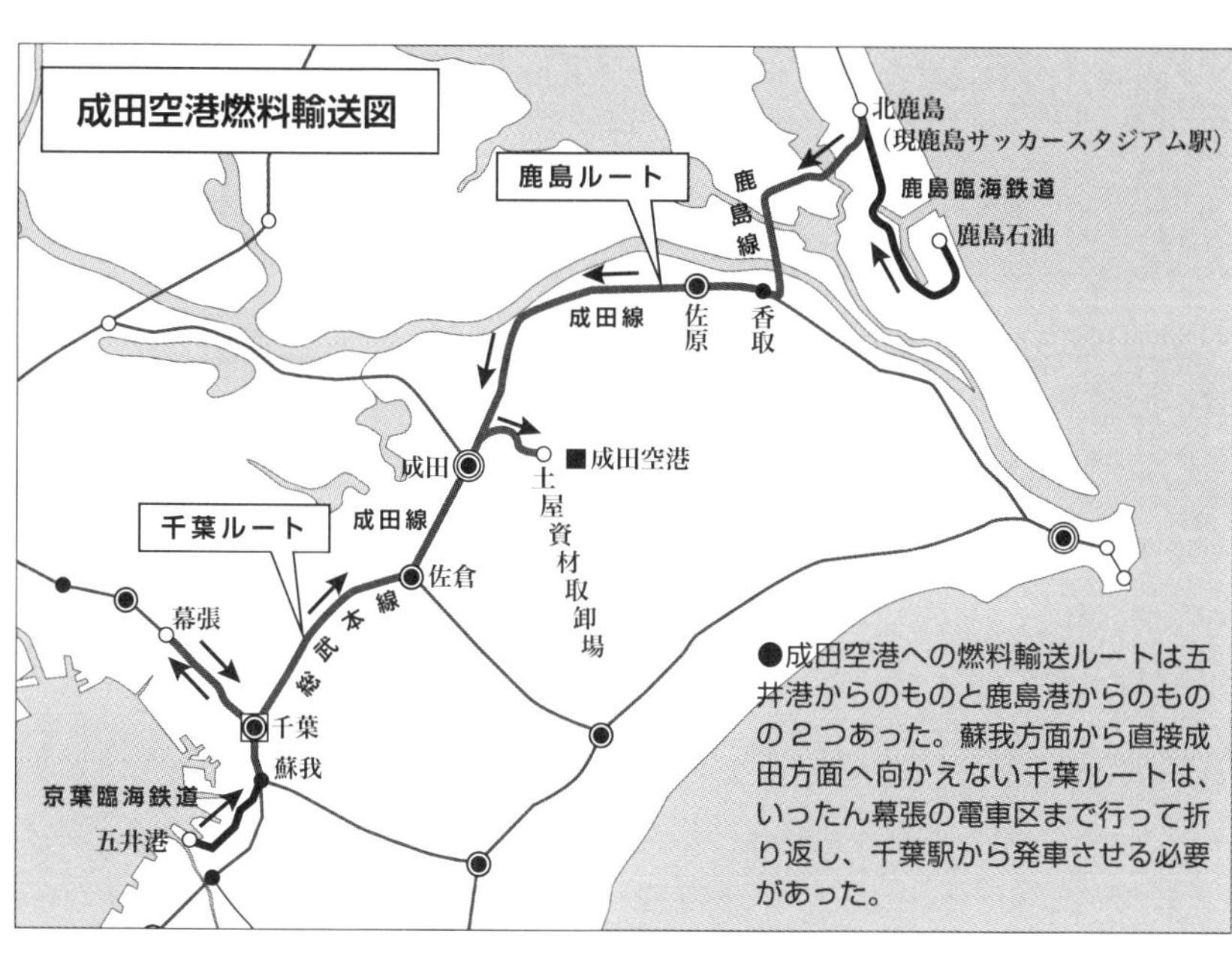

私は人事課員としての使命感を持ってそれを現認するように数十人の対策員とともに、前面に立っていた。

そのとき、青年部の一人が私の顔を見知っていたのか、「おうい、ここに人事課の犬がいるぞう」と大声を上げた。その声を聞いた組合員や青年部の十人ほどがどやどやどやどやと私の前に集まってきた。

すると、私は「吉野がやられるぞっ」という板倉労働課長の声とともに誰かに引っ張られるようにして対策員の後ろに引き下げられた。相手を見失ったのか、少しして騒ぎが落ち着いた。

しばらくしてまた対策員と並んで対策をしていると、今度は組合役員の一人が私の顔を見つけて、困ったような顔をした。いままで話をしたことはないが、舎宅では彼の奥さんと私の妻が懇意にしているのは知っていた。彼はそっと私を呼び寄せると「今日は余り前に出ない方がいいよ。狙われてもいけないし、今日は荒れるからね」と小さく呟くように言ってから、私の前から離れて行った。

忠告通り、この日はいつもよりも荒れた反対闘争が行われた。

その十日後には、成田線の下総神崎駅と滑河駅間の踏切で機関車二両が過激派に襲撃され炎上する事件が発生した。鉄道沿線では時限発火装置による発煙事件や信号ケーブル等の切断事件が一日に九件も発生するなど、鉄道が半日も止まる過激な鉄道妨害事件が発生した。

ジェット燃料輸送は昭和五十三年から昭和五十八年八月八日の終了まで五年五カ月続いた。その間のジェット燃料輸送量は九百二十五万キロリットルに及び、これを四十トン貨車に換算すると二十三万千二百五十輌という膨大な数になる。これを二十二輌編成の列車に組成すると一万五百十二本となるという。（数値は千葉鉄道管理局編著『ジェット燃料輸送史』より）

（二）千葉駅の闘争対策

時に人事課は労働課とともに現場（駅・電車区等）の警備対策（妨害行為に対するものと乗務員警護）の支援もしなければならなかった。駅での機関士の警護は、旅客業務中心の駅に任すことができず、警備対策は支社が全面的に行う必要があった。

国鉄としても成田空港への燃料輸送は国家的事業であるから中止することはできない。だから、本社、支社の職員も駆り出されて対策しなければならなかった。

千葉駅の対策員は本社職員が担当することになっていた。機関士に対する警護の主体計画は支社労働課と駅が担当し、支社労働課か人事課員が会議室に対策員を集めての指示説明をするが、その日は人手が足りないため私がしなければならなかった。

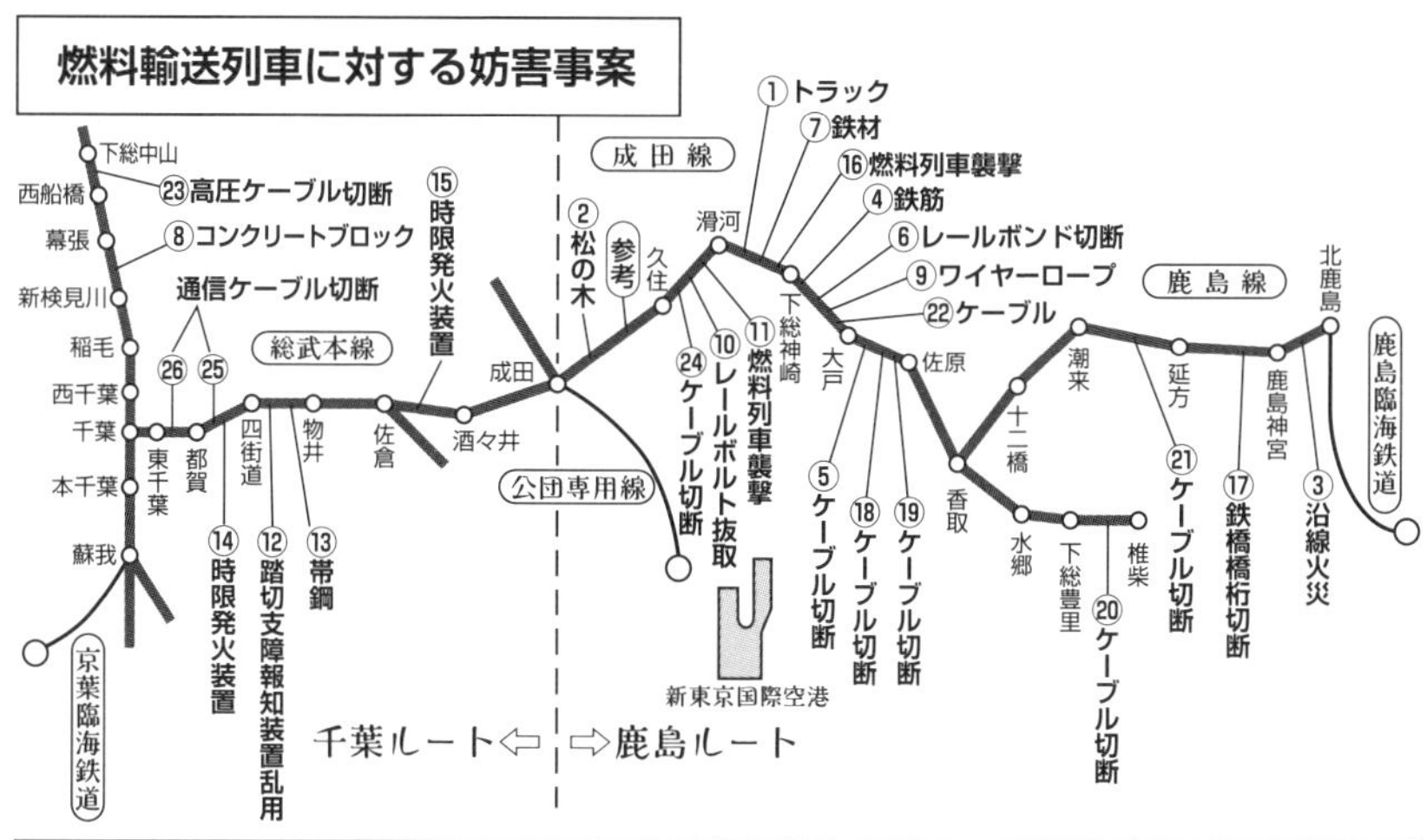

番号	発生（発見）年月日時	番号	発生（発見）年月日時	番号	発生（発見）年月日時	番号	発生（発見）年月日時
1	S53.03.13 / 18:47	7	S53.06.26 / 22:34	14	S56.03.08 / 21:08	21	S57.03.13 / 04:06
2	S53.03.17 / 22:51	8	S53.07.19 / 04:43	15	S56.03.08 / 21:45	22	S57.03.13 / 04:07
3	S53.03.18 / 13:10	9	S53.10.07 / 04:29	16	S56.03.16 / 18:43	23	S57.03.13 / 05:46
参考	S53.03.18 / 17:30	10	S54.10.10 / 06:20	17	S56.05.11 / 05:10	24	S57.03.13 / 07:01
4	S53.03.21 / 18:37	11	S54.10.10 / 22:45	18	S57.03.13 / 04:06	25	S57.03.13 / 07:02
5	S53.05.27 / 03:40	12	S55.03.28 / 23:45	19	S57.03.13 / 04:06	26	S57.03.13 / 12:04
6	S53.05.29 / 09:40	13	S56.02.25 / 21:29	20	S57.03.13 / 04:06		

▲昭和 53 年３月以降に発生したジェット燃料輸送妨害事件の一覧（著者らが作成した『ジェット燃料輸送史』を参考に調整）。線路に障害物を置くものや発火装置、トラック乗り上げによる妨害のほか、鉄橋橋桁を切断するものまでさまざまな事案が繰り広げられ、昭和 57 年３月 13 日には同時多発的に９件も発生した。なお、「参考」とあるのは松林の木を切り倒してあるのが発見された例で、切り方が悪く（こちらとしては幸いだったが）、線路と逆方向に木が倒れていたもの。

千葉駅の対策班は乗務員警護班と構内巡回班に分かれていた。過激派と共闘する組合員と直接関わるのは乗務員警護班である。

三番線の電車に便乗して到着した機関士を七番線まで警護して乗務させる場合、機関士の右に五名、左に五名、計十名の警護員が取り囲んで警護していく。その警護員は本社から配属された職員である。

その中には、課長や課長補佐、係長など、いつもお世話になっている本社幹部もいる。それが支社の一担当に過ぎない私の指示を得て、その指示通りに動かなければならない。それも昼間に通常の業務を行った後、夜間、早朝の対策だから彼らにも堪える。

まず、配属された職員を集めて、会議室で今日の対策を説明する。その会議は二十時過ぎ、遅い時には二十二時を回ってからであった。

「本社、総務部〇〇補佐、経理部△山係長、誰々は乗務員警護をお願いします」するとと、呼ばれた人は補佐クラスになると率先してわかった、という顔をするが、若い本社職員は「怖いなあ」という顔をする。なかには、「えぇえ、僕ですかぁ」と口に出していう輩もいる。「誰か代わってくれますか」と同僚に交代を頼み込む人もいた。

しかし、決められたことは是が非でも行ってもらわなければならない。それでも、千葉駅の対策は大きな妨害もなく終わった。とはいえ、警護班は集まった数十人の組合員からの罵声と怒声を浴びながら、黙々と機関士を警護する場面が幾度もあった。いまであれば大変な事象であるが、その頃は過激派の襲撃や労働争議は日常茶飯事になっていたから、この程度では大きな問題にはならなくなっていた。

(三) 浅草橋駅襲撃事件

ジェット燃料輸送は昭和五十八年八月に終了したものの、今度は『国鉄民営化』反対闘争となり、千葉動力車労働組合（動労千葉）と過激派との共闘は終わっていなかった。

昭和六十年十一月二十九日、国電同時多発ゲリラ事件が発生した。この日、大阪地区の京都や広島県内及び首都圏の八都道府県内で、中核派による通信、信号ケーブルの切断事件が発生した。首都圏では六路線の二十五か所、大阪府では七か所計三十三か所において、国鉄の鉄道施設に同時多発攻撃により、信号ケーブルなどが破損、焼損する事件が発生した。

▲昭和 60（1985）年11月29日、首都圏と西日本の国鉄の鉄道施設が同時多発的テロ攻撃を受けた。写真は焼き討ちを受けた総武線浅草橋駅。その様子はテレビでも中継された（写真／産経新聞提供）

そのなかで総武線浅草橋駅は、午前六時四十五分頃、約百二十人の過激派グループによって襲撃された。駅のシャッターを破壊して強引に入り込んだ過激派グループは、駅構内の至る所に火炎瓶を投げつけ、駅舎を破壊し焼損させた。

当日、津田沼車掌区の当直助役であった車掌科同期生の飛田は、昨夜、津田沼車掌区御茶ノ水派出所に泊まった車掌から朝の起床報告がないため、必死になってその情報を取ろうとしていた。しかし、通信ケーブルを破壊されてしまったので国鉄内では情報が得られず、テレビで生中継された浅草橋駅の焼き討ちの画面を茫然として見ながら、その車掌の生死を気遣ったという。

当事者となった浅草橋駅の職員たちは、外の喧噪に気付いて駅事務室から出て見ると駅のあちらこちらから黒煙が上がり火の海となっていた、改札職員や出札職員は必死に逃げ道を探し出し、中には駅裏の細い塀の上によじ登って漸く逃げ延びた職員もいた、まさに必死の避難であった、という。

そうした過激派との闘争が終わって十数年後、本社会議に出席すると、もうそんなことはとうに忘れてしまっている私に、

「吉野さん、燃料輸送対策の時、千葉駅で私を警護班に回したでしょう。あのときは恨みましたよ。だって、いつ過激派から襲われるかもわからない状況だったから、私も若かったせいもあって、怖くて怖くて本当に恨みましたよ。しかし、あの対策のあとは何ごとにも自信が持てるようになりました。あの時はあなたも大変でしたねぇ」

と、冗談のように何人もの本社の課長クラスの人に言われた。

あのとき苦労された方々がそれぞれ出世されていたのには妙な面持ちになった。

■決裁文書、宙に舞う

人事課の賞罰係の勤務にも慣れ、いくらか落ち着いてきた頃であった。人事課も文書課にも仲間が多くなり、持ち回り作業も少しは落ち着いてできるようになった。

そんなあるとき、優良な駅を表彰するための決裁文書を営業部から上申させ、総務部長に決裁をもらうという仕事があった。それは営業部から人事課に提出してくるのも遅かったが、私の方でもしばらく机の中に仕舞い込んだままにしていたため、いささか決裁をもらうのに気が引けていた書類であった。

その当時の総務部長は気分屋として有名な長谷川部長である。

ある日、係長から、「おい、吉野、営業部からの立案がまだ部長の決裁を貰っていなかったろう。いま人事課長が総務部長室に入っているから、決裁をもらってこいよ」といわれた。私は、

「いま、総務部長は機嫌がいいですかねぇ」といいながら総務部へ向かった。部長付の押尾主任に「ねぇ、今日は総務部長の機嫌はどうだい。いま部長室に入ってもだいじょうぶかなぁ？」とささやくように聞くと、

「だいじょうぶだよ、人事課長も入ってることだから、入るといいよ」と言われた。

「じゃぁ、入ってみるよ」と部長室のドアをノックした。

「うむ」という部長の、機嫌が良いとも悪いとも言えない返事が聞こえた。

部長室のドアを開けて、入口まで進んだ。

すると、総務部長と人事課長が何やらひそひそと話している最中であった。

「人事課吉野です。決裁をいただきにまいりましたぁ」と言って、礼をしてドア口に立ったままでいる。

総務部長が眼鏡ごしにうむっという気難しい顔をしてこっちを見た。そして、私の顔を見ると、

「なんだっ」と言った。

「はい、決裁をいただきにまいりました」

私はもう一度同じことを言ってドアの中に入った。

総務部長は「うむっ」と言ったが、いま忙しいのに、という顔をしている。部屋にいる人事課長の部下が入ってきたので、仕方なさそうであった。

総務部長は面倒臭そうにサインするための赤鉛筆を持った。いざ決裁文書にサインを書こうとした時、

「これは急ぐのかね」とまた聞かれた。

私はただ「はい」とだけ返事をすればいいのに、

「はい、営業部から急いでほしいと言われましたので……」と言ってしまった。

人事課長と大切な話をしている最中に、営業部から急かされたと受け取ったのか、総務部長は、「なにぃっ」と怒り出した。

「この忙しいのにぃ」ともう一度言うと、

「こんなものぉ、後にしろぅっ」

と立案文書を天井に向けて放り投げた。

ひらひらと舞っている書類を茫然と眺めてた私は、

「お前は早く出ろっ」

と人事課長に言われ、慌てて部長室を飛び出した。

ドアの前で、部長付の押尾主任が驚いて部屋に入ろうとしているのに鉢合わせした。部長の大声が聞こえてきたので慌てて入ろうとしていたのかもしれない。

私は何はともあれ、後ろも見ずに息せき切って人事課に戻った。

そのあと、部長室がどうなったか知らない。ただ、しばらくして人事課長が情けなさそうにして帰ってくると、部長のサインをもらった立案文書を「ほら、決裁文書、おまえなあ……」と呆れたような顔をして静かに渡してくれた。その後に続ける言葉を無くしていたからか……。


嫌な仕事を後回しにすると決していいことはない。『先憂後楽』という訳ではないが、嫌な仕事ほど先に終わらせてしまうと、その日はのびのびと仕事ができる。それからは嫌な仕事から先に始めるようにした。

しかし、時間があれば、決裁を貰う場合は上司が昼食後の満腹感のある時、または帰る間際の時が、スムーズに決裁を貰えるタイミングであることも、後々分かった。

■局長秘書の話

人事課での仕事にそれなりに生きがいを感じ始めていた私であったが、二年ほどすると、いきなり総務部文書課（一般企業の総務課にあたる）に転勤の話が出た。それも今度本社から来る局長の秘書をやれ、ときた。

鉄道管理局長とはその名のとおり千葉鉄道管理局九千三百人の職員のトップである。国鉄当時は、大きく言えば、県知事や県警本部長とも並べ立てられる人である。私なんかにそのような人の秘書などできる訳がない。

文書課はそれまでも行き来があったから課の内容も知っていた。ただ、人事課の仕事は確かにきついが、これでいてまた面白いから転勤したくなかった。

しかし、面談は有無を言わさなかった。面談担当は文書課の砂野補佐である。穏やかな方でいつもにこにこしていて、私のことを「よっちゃん」と呼んでくれる、私も大好きな補佐であった。

しかしそこはそれ。私はなんとか人事課に留まりたかった。

文書課の応接室で「よっちゃん、文書課はいいところだよ」から面談が始まった。

「はい、でも、どうも私のような者が行くところじゃないと思います」

「よっちゃんだから来てほしいんだよ。仕事は人事課ほどきつくないよ」

「はい、でも、どうも文書課は気位が高くて、私のような者には馴染まないと思います」

「気位なんかないよ、みんな和やかに仕事をしているよ」

と言われて言葉がなくなってしまった。仕方がないので、少し踏み込んだ。

「私は自動車の運転はできません」というと、

「局長車には専属の運転手がいることは知ってるよね。よっちゃんには運転はさせないから大丈夫だよ」

ときた。

仕方がないから、更に、

「私はいままで秘書的なものはやったことがありません」というと、

「誰も経験した者はいないんだよ。今までの人も、みんな初めてでやっているんだよ、よっちゃん、そんなに心配しなくともだいじょうぶだよ」と言われた。

よっちゃん、よっちゃんって、『横綱よっちゃん』という漫画がいま人気があるが、そんなに言われたらいい加減こちらの気が弱る。そこで、

「私はマージャンもゴルフもできません」というと、

「そういうものをもしやるとすれば、私や文書課長がお相手するよ」と効き目がない。

ええい、これでもか、と、

「私は体調がよくありません」

といったら、

「いつも見ているけど、二日酔いの時以外の体調はすべて良いじゃないか」

と言われて、黙ってしまった。

鳥居文書課長も温厚な人であった。それにも増して、砂野補佐は穏やかな人当たりの良い方であった。

本社辺りで秘書的な立場を経験してきており、

「よっちゃん、私がいるから大丈夫だよ。心配しないで頑張ろうね」とやんわりと言われたら、しまいに

は拒否できなくなった。

数日後、正式に文書課への発令が行われた。

本社から名うての局長がきた。部長や課長には厳しかった。しかし、私にはとても良い局長であった。秘書は局長の思いを受けて、文書課長や他の部課長にも報告、連絡、相談する、つまり「ほう、れん、そう」役である。局長からこんな指示がありました。何々部長からこんな報告がありました。と、会議以外で局長の耳に入れておかなければならないことを、「ほう、れん、そう」するのである。

局長秘書になって一年目の秋。毎年上期と下期の半年ごとに行われる「全現場長会議」が安房鴨川で行われることになった。

千葉局内の駅長、運転区長、保線区長、電力区長、信号通信区長等が集まり、今年度の上半期の実績と下半期の計画を確認する会議である。

その日、私は局長とともに列車で安房鴨川駅に着いた。すると、運転部長から「早く会議場に局長を連れて行くように」と連絡があった。

私たちは手配していた局長車に乗って会場に向かった。

すると、着いて早々に岩田総務部長が「おい、吉野君、いま安房鴨川駅構内の隅っこでちょっとした事故が発生している。事故が発生しているのに、現場長会議なんぞやってられねぇぞ。局長に会議の中止をするように言ってくれ」ときた。

営業部長も施設部長も顔を出して頷いている。

岩田部長のその言葉は、いつもはきれいな標準語で言うのに、今日に限ってややべらんめぇ口調である。

いつも私の味方になってくれている一番好きな部長がこんなことをいう。

「ええ、私が局長に言うんですかぁ、」

「あったりめえだぁ、文書課長がまだ来てなけりゃあ、おめぇしかいねぇ、おめえは局長秘書だろうがぁ」

「そうは言っても……。そうは言ってもそりぁチト酷てぇもんじゃねえですかぁ」

そんなやり取りの間も私の頭の中は混乱していった。私ひとりじゃ無理だ。そうだ、妙案が出た。

「じゃぁ、じゃあ、部長、こうなりゃぁ、みんなで行きませんかぁ、みんなで……」

と中案を出すと、「よし、それじゃあ、皆でいこう」と決着した。

私は局長のいる部屋に部長連を案内した。

岩田部長から「いま、安房鴨川駅構内でちょっとした事故が発生していて、今日の現場長会議は中止した方がいいんじゃないですか」と進言した。

しかし、局長からは、

「事故は間もなく復旧すると運転部長から報告があった。現場長たちも忙しい中を遠方から駆けつけたのだから、なんとかやろうじゃないか。この会議を期待している現場長もいる。関係部課長は事故の処理が終わってから来たいと言っていた。なんとか会議をやろうじゃないか」

といわれ、結局開催することになった。

案の定、列車ダイヤには一分の遅れも発生させていなかったものの、会議も懇親会も現場長たちは気が引けたのだろう、例年になく静かなものになった。

どんな小さな事故でも発生させてしまうと、どんなに大変か。身に染みた現場長会議であった。

秘書になってからの一年は、天国のような業務内容であったが、その一年後、岩田総務部長は本社へ、鳥居文書課長と砂野補佐が駅長に栄転され、新しいE文書課長が来て、地獄が始まった。

E文書課長は若い時に本社で秘書をやり、その時の局長が更に出世したため、各部長からも一目置かれるような存在になっていた。そのプライドのためか、今まで文書課長と補佐と秘書の三人で入っていた朝の局長ミーティングも、

「局長の本来の秘書は文書課長である。貴様ごときが局長室に入るものではない」（生声のまま）と開口一番言われ、「朝の局長ミーティング」は文書課長と新しい補佐の二人だけが局長室に入るようになった。そして、私は文書課長か補佐から当日の指示を受けることになった（実際には補佐から指示を受けた）。しかし、局長の機嫌の良い日はいいのだが、事故の報告や機嫌が悪い日は「お前らが報告してこい」と補佐か私が局長室に入らされ、課長本人は局長室には寄り付かなかった。

局長が私を部屋に呼び入れたときには、私が出て来るのを待っていて「何を話した。何と言ってた」としつこくその内容を問い詰め、自らのことではないと知ると、

「なぁんだ、そんなことか」と吐き捨てた。自分の保身ばかりを考え、悉く前任者の行った業務、実績を否定するとともに、各部長にまで横柄な態度で振舞った。しかし、自分が局長室に呼ばれた時には手もみしながら入って行く。その姿は、見ていられなかった。

『上司は部下を選べない』が『部下も上司を選べない』地獄の日々は続いた。

そんな会社に出勤するのが辛くて、毎朝家を出るものの、通勤途中で交通事故にでも遭って会社を休んでしまいたいと思うような日々が続いた。今だったらパワハラ、それが原因の鬱といったところだ。それでも、家族がいて小心者の私は、交通事故と言っても痛いのはいやだから車のタイヤに足先をちょっとだ

け踏んでもらい、二、三カ月も休みたいという都合のいい事故を願った。

その一年は途轍もなく長く感じられた（ストレスからか、虫垂炎と鼠径ヘルニアの二度の入院を余儀なくされた。その際、局長は何度も見舞いに来てくれたが、文書課長は一切顔を見せなかった）。

局長が本社に転勤になると、私は直ちに人事課に戻され、地獄から漸く這い出すことができた。人生にも再び春が来たような明るい日があると知ったのは、正にこのときであった。春の来ない冬はないというが、待ちきれない思いが続くものの、やはり春は必ずやってくるものである。

しかし、いまだかつて、なぜ私が局長秘書を仰せつかったのかは、わからないでいる。「あいつだったら、文句も言わずに言うことを聞くだろう」くらいに思われたのかもしれない。

■厚生課時代

（一）独身寮光熱水料費滞納事件

人事課に戻って一年後、お世話になった人事課長が転勤され、新しい人事課長が来ることになった。今度来る人事課長はすこぶる評判が良くない。若い時に千葉にいたらしく、年配の人事課職員はその性格をよく知っていて、その時の話を噂話に聞かせてくれた。丸山、妹尾、稲見と三人の人事課長に仕えて、また、局長秘書も経験していたが、私はこの人事課長が来ることにびびった。

そこで私は、その時の上司の坂井係長に「人事課にはいたくありません。どこかへ転勤させてください」と願い出た。

案の定「何を言うんだ。いままで人事課で頑張ってきたじゃないか、それをどこへ行こうっていうんだ」

千葉鉄道管理局組織図
（支社ほか）

●本章では一般的な民間会社とは異なる部署名がたびたび出てくるので、ここに昭和52（1977）年10月1日現在の千葉鉄道管理局の組織一覧（総務部文書課作成のものをもとに調整）を掲げる。太字で記したのが、著者が勤務した部署。

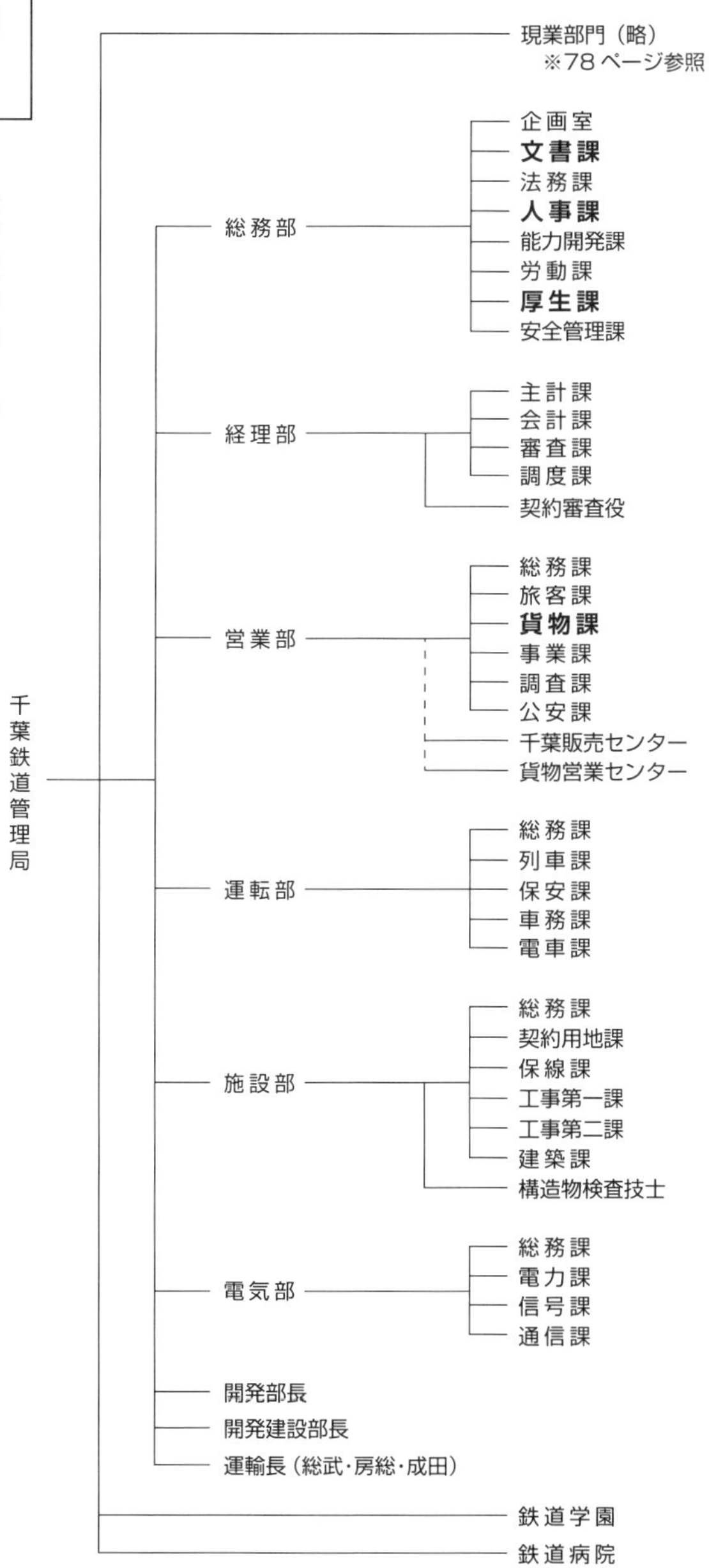

と赤城の山の国定忠治のように言われて諭される。

しかし、「いやです、どこでもいいから転勤させてください」と二度三度の説得に応じず、転勤希望を出した。そうしているうち、新しい人事課長が着任した。

すると、着任早々の挨拶のなかで、その人事課長はあからさまに「この人事課の中に転勤希望を出している奴がいるそうだが、そんな奴は見せしめにしてやる」と公言された。

そうなるとこんな私の引き取り手がない。それでも、一週間ほど過ぎた頃、厚生課長となっていた同郷の鈴木課長が漸く引き受けてくれた。同郷の誼(よしみ)で、仕方なく引き取らされたのかも知れない。

厚生課の発令は部下を持たない「被服係長」であった。肩書きが主席から係長になったのは、坂井係長が文書課での秘書経験や人事課三年の年季を買ってくれたようであった。

被服係は千葉鉄道管理局の職員への被服の配送屋であって、毎日、当局ビルの地下の冷暖房のない被服室に潜って在庫管理とデータの数合わせをするのが私の仕事だった。夏はクーラーもないため、下着姿で被服棚の在庫を見比べて大汗を流し、冬には暖房もない冷蔵庫のようなところで制服の上にさらに外套を着て作業をした。その辛さと哀れさを「書」を書く文学会の先輩が耳にしたのか『人事を尽くし、天命を待つ』という立派な「書」が送られてきた。

三階の厚生課に上がるのは、朝と晩だけであったが、それでも慣れてくると、こつこつと何の気兼ねなくできる一人作業に満足していった。

そのうち、鈴木課長は成田駅長に転勤して、それまで施設部総務課長であった小鷲課長になった。小鷲課長は以前にいた人事課では要員需給係の補佐であり、駅や運転区、保線区等の現場の職員数を決める係で、その手腕は半端なく、労働組合との交渉のプロであった。その後、施設部総務課長になり、そして、総務部厚生課長として転勤してきた。

その頃、いままで無料であった「独身寮の光熱水料」を寮生に負担してもらう事案が全国鉄内で発生していた。独身寮の寮生たちは労働組合に所属しているから必然的に労働組合との折衝が課題となる。その担当は厚生課の宿舎係である。担当には富永係長、その下に高橋課員が当たっていた。

富永係長は小鷲課長と郷里も近く、意気に感じた上司にはトコトン仕える御仁である。だから、直ぐに小鷲課長の右腕になった。そして、彼の下にいる高橋課員は真っ正直な人柄。どれも海千山千の人物である。

特に小鷲課長はいつもは温厚なのに、いざとなると眼光鋭く、富永係長が「机に座っていると、右肩を前に出して斜に構えて、じろり、とこっちを見る。見られたこっちは『蛇に睨まれた蛙』だよ。そのあとどんどんあれやこれやと機関銃のように課題が飛んでくる」とこぼす。課題を一つ終えると、それじゃあこれはどうした、こっちはどうなっている、と矢継ぎ早に次の課題が飛んでくる。うまくあしらおうとしても、いままであらゆる難題を解決してきた人物だから簡単にはいかない。ただ、そうはいうものの、その仕事にはやりがいと達成感を感じているようであった。

そういう富永本人も「俺は何度も死んだ人間だから、好き勝手に生きる」といったがむしゃらな人間であった。交通事故で自爆して生死の境を彷徨い、また、何度も大病してこれまた生死の境を彷徨ったことがあった。だから、身体を張って対応する性分は誰にも負けない。

そんな二人だから、組合かぶれの青年たちを前にしてもびくともしなかった。

相手の独身寮生は千葉寮と津田沼寮で約四百名いる。どれも組合員であるから、労働組合の傘の下にいる。これまでにも寮生のいる現場長に協力を求めたが、ほとんどの人は腰が引けて役に立たない。そのため、小鷲課長が宿舎係を率いて前面に出るしかなかった。

富永係長が「露払い」として前に出て、その後ろから小鷲課長がじろりときつい目を向ける。そんなとき、小鷲課長が「おい、吉野、被服係でいつもモグラのように地下に潜っていては仕事の楽しみがないだろう。いま宿舎問題がたいへんだぁ。少しはお前も手伝えっ」と、言われた。

私は被服係である。それも宿舎係が毎日のように寮生とやりあって、夜中に帰って行くのを何度も見ている。増してこの問題は組合闘争となっている。そんな渦中へ誰が入ろうものか、と思ったが、「ほんの少しでいいんだよ。大変なところにはお前を行かせないよ。ほんの少しのお手伝いでいいんだよ」と、まんまと口車に乗せられて手伝う破目になった。

元人事課だったこともあり、宿舎係への協力は滞納者全員の保証人に関するデータ作りであった。組合員でもある独身寮生との交渉は、基本的には課長と宿舎係の二人が独身寮に赴いて交渉する。私が一緒に寮に行っても『金魚の糞』のようなものだから、彼らの眼中にはない。

相手は非番や公休日で独身寮で暇を持て余している。だから交渉が始まる前から、多くの組合員が玄関先から課長、係長ら三人を取り囲み「支払強要粉砕、断固反対」と叫びながら寮の会議室にまで押し掛ける。壁や窓には同じビラが全面に貼ってある。

交渉担当三人が二、三十人の若者に取り囲まれる。若者たちは三人の顔に自分の鼻先が付かんばかりに寄せて嘲るように「断固反対」を怒鳴り散らす。そのため、三人の顔に相手の唾が飛ぶ。嫌がらせである。しかし、こんなことで負けていられない。それをじっと我慢して耐え、顔も背けずじっと相手を見続ける。

青年たちはこれでもかとばかりに鼻先でわざと唾を飛ばしてがなり立てる。彼らも暴力を奮ってはいけないのは分かっているから、両手を後ろ手に組んで顔だけを突き出して「断固反対・強要粉砕」と抗議する。その光景もまた珍妙である。

交渉から帰ってきた富永係長は「あと二センチ後ろから押されたら、あいつとキスしちゃうところだった」と何度も〝うがい〟をしながら顔を洗っていた。

そんな日が三カ月ほど続いて、独身寮の光熱水料問題は落ち着いた。

この保証人を使う方法が千葉局で功を奏したと聞いた他局は、同様な手段で独身寮問題を解決できたという。

この「斜に構えて対応する」は、忍耐の継続と、言い方は悪いがまともに立ち向かうだけでなく相手の弱点を突くことだと思った。また、小鷲課長は「何事にもウラを取れ」が口癖だった。何か一つの事象が発生するときは、必ずそれに付帯する裏の事象があるはずである。それを知ることがどんな対策を練る際にも大切であると教えられた。

馬鹿正直に真っ正面から取り組むだけでなく、斜め、横、後ろ、各所から物事に対応する視点も重要なのである。

▲小鷲氏の右腕となって活躍した冨永氏。ただし、写真は少しお年を召してからのもの。

■国鉄民営化、ＪＲ東日本へ

昭和六十二（一九八七）年四月一日、日本国有鉄道公社が解体され民営化された。千葉鉄道管理局は東日本旅客鉄道株式会社千葉運行部（後に千葉支社となる）として再出発した。

その一年前の昭和六十一年二月に、私は厚生課被服係長から同保健係長という役職に変わり、さらに二カ月ほどで文書課に新設された改革報道係長という、なんともいかめしい役職に発令された（その頃には先述のE文書課長は勇退していた）。

主な仕事は「親方日の丸意識」の抜けない職員に対し、今村総務部長と人事課の綾部補佐の指示のもとに、民営化に向けたスケジュールやサービス改善を掲載した機関誌作りであった。

国鉄意識を排除し、民営化していくための職員の意識改革はなかなか見えてこない。国鉄本社では『知恵のあるやつは知恵を出せ、知恵のないやつは汗を出せ』となりふり構わない標語を掲げて職員の意識改革を進めた。

千葉局では総務部長を始め部課長がサービス向上の意識改革として、指定された駅に早朝から向かい、勤務前に駅のトイレ掃除を行った。それも、帝国ホテルかどこかの有名ホテルでは『社員が素手でトイレ掃除をする。それほどお客さまを大切にしている』ということから、部課長までもが駅トイレを素手で掃除するパフォーマンスもあった。そのような部課長クラスの意識改革はともかく、肝心な職員のサービス意識向上には悩んでいた。

鉄道職員、いや、鉄道社員としてどう民間企業並みの業務を行っていくべきかを機関誌に載せて報道することは、言うのは簡単だが、末端の社員にまで届かせるには充分な時間がなかった。

この頃から、いままで旅客を「お客さん」と呼んでいたのを「お客さま」と称するように改めさせられた。また、社員は様々な民間企業へ研修や見学に行き、他の企業ではどのようにお客さまと接しているかを、日々勉強していった。

なかでも、東京ディズニーランドのトイレ清掃の話は秀逸であった。もう三十年以上前のことだが、いまでも鮮明に覚えている。

ディズニーランドの開園前のある朝のことである。

トイレ清掃の担当スタッフ（ディズニーランドではこういった末端のスタッフもお客さまを迎える演者〝キャスト〟と称しているというのは最近知った）たちがトイレ掃除に入った。

彼等の上司は、園内巡回をして清掃の状態を見て回っていた。

すると、あるトイレから話し声が聞こえてくる。

上司は、「掃除もしないで仲間同士でサボって話し込んでいるに違いない。もう少し状況を見てから注意しよう」とトイレの外で聞き耳を立てた。

「○○ちゃん、おはよう、今日は寒いわねぇ、昨日はたくさんのお客さまに使ってもらってお疲れ様でした、今日も頑張りましょうね」

その声が終わると、また次のトイレから、

「□○ちゃん、おはよう、あらあら、大丈夫？　こんなに汚れてしまって、でも大丈夫よ、今日もまたピッカピカになってお客さまをお迎えしましょうね」と話し声が聞こえる。

また次のトイレに行くと、

「○△ちゃん、昨日は遅くまでごくろうさまでした。今日は一段ときれいになってお客さまをお迎えしましょうね」と言っている。

上司はそこまで聞いて現場を押さえたつもりでトイレに入り、

「君たちは何をいつまで話しているんだっ。無駄口を叩いてないで、しっかり掃除をしたまえっ」

と怒鳴るように言った。が、中には彼女ひとりの姿しかない。

▲昭和 62 年４月、国鉄は民営化された。写真はまだ国鉄時代の 483 系車両で、もっぱら特急として使われた形式。側面に描かれたマークも「JNR」を図案化したもの（撮影／佐藤哲哉）

するとと彼女は、

「私はトイレの便器の一つ一つに名前をつけて、いつもこうしてお客さまに気持ち良くご利用いただくために話しかけているんです。便器は素敵な私のパートナーなんです」

と言った。

その言葉を聞いて、上司は二の句が出なかった。そして、自分の仕事にこれほどのプライドを持って働いている彼女に感服した。

その一年後、彼女は全国サービスコンクールで第一位を取ったという。

また、別の研修を受けたとき、「あなたは何歳まで生きたいですか？」というカリキュラムがあった。

その頃の国鉄の定年は五十五歳、そして退職者の訃報は「七十歳」前後であった。

私は老醜を見せたくないという思いから「六十五歳」頃に死ねたらいいと思っていた。

講師が「まず、一年一ミリとして、二十センチの横線を引いてください」といった。二十センチは二百歳だ。人間の医学上の寿命（その頃の計算？）なのか。研修用の寿命なのか。

「次に、あなたの現在の年に、印を付けて下さい」

私は四十半ばのところに印を付けた。

「それでは、あなたの寿命を、このくらいで死ねたらいいなあと思うところに印を付けてください」

私は六センチ五ミリの所に線を入れた。

講師が「それがあなたのこれからの人生です」と言った。

「えっ、えぇぇっ、」

私は愕然とした。長い横線の上に、私の今後の人生は小指のひと節にも足らない。

「あなた方は、これからの人生を、今の線上でいいんですか？　訂正したい方は直ぐに訂正してください」

私は直ぐにその線を八センチ五ミリまで伸ばした。

いままで暗愚として生きてきた思いをこの研修でも知らされた。

このような意識改革のための研修は延々と続けられた。

国鉄が民営化に移行される三月三十一日零時、総務部文書課文書係長となっていた私は、全国各地で移行のイベントが行われている様子を伝えるテレビを課内で見ていた。円滑な移行をするため、この日は主な職員は出勤して、徹夜で移行状況を見守っていた。

全国、津々浦々の駅から国鉄の象徴だった蒸気機関車の汽笛が長々と響き渡った。なかでも、京都梅小路機関区の車庫に並んだ蒸気機関車の汽笛は、移行への希望と去り行く過去への郷愁の複雑な思いを残していつまでも響き渡っていたことを覚えている。

しかし、この民営化前後には、国鉄職員の悲喜こもごもの話がある。

国鉄民営化を控え、さらに合理化、効率化の波が各職場にも押し寄せ、国鉄職員は民間企業や地方公務員に再雇用を求めることになった。雇用する以上は民間企業や地方公務員の側も優秀な人材が欲しい。これに応えるべく国鉄の中でも優秀な職員たちがこぞって手を上げ、そして採用されていった。

前記した厚生課の富永係長の部下に高橋という職員がいた（ただし、前記の高橋ではない）。

彼は厚生課では一番の若手で優秀な職員であった。結婚して三歳になったばかりの女の子もあり、そのため、公務員への道を求めて国鉄から第二の職場へ向かって行った。

富永はかつての部下だった高橋を心配し、その後も常に気遣っていた。

その高橋は転職して間もなく、「いま、ベテラン社員と同じ仕事をさせてもらっています。やりがいのある仕事をしています」と笑顔で応えたという。

夜遅くまで仕事をすることを嘆くこともなく、生きがいすら感じているようであった。

そして、それから一年ほど過ぎたある夜、いつものように遅くに仕事を終えた彼が職場から自家用車で自宅に向かったまま行方不明になった。三日後、自宅近くの川で車とともに沈んでいるのを発見された。酒を飲まない彼は過労により運転を誤ったものと判断された。新天地に採用された彼が懸命に働いた後の、不遇としか言いようのない死であった。

富永は泣いた。あの豪放磊落の男が「こんなことになるなら、第二の職場へなんぞ行かせなかった。国鉄にずっと置いておくべきだった」と泣き崩れた。憔悴しきった彼を見るこちらが辛くなるほどであった。

民営化の影で、このような人たちがいたことも忘れてはならない。

■壮烈、箱根研修

民営化後も社員研修は続き、数年後には四泊五日の『箱根研修』に行けという指示が出た。この研修は通称「一泊五日」といわれ、民間では数あるどの研修よりも過酷だと言われていた。

指示通りに箱根に向かうと、全国から民間の大手会社や中小企業の部課長が総勢百五十名ほど集められていた（後でわかったのだが、そのうちの三十名ほどはスタッフであった）。そして、各十名ずつのグループに分けられ、まずは宿泊棟の小さなロッジに一グループずつ入れられ、そこに指定されたリーダー一人が加わると、直ぐに研修棟に集められ、研修に関する詳しい説明が何もないまま次々と指示が与えられた。

そのうちに、この研修内容はウォークラリーであることがわかった。そして、どのように『駒地図（小さな部分地図）』を解読して進んで行けばよいのかを考えるカリキュラムを、「個」「全」「個」「全」で考える。つまり、個人で考え、それをグループ全体で討議し、また個人で考える。その繰り返しであった。

一日目は全く睡眠を取らず、二日目の夜、漸く午後十一時に寝て、午前一時に起床。三日目は朝方、午前三時に寝て六時に起きる。そして、四日目が午前零時に寝て、三時に起きる。これが私たちのグループの睡眠時間であった。寝る時間を惜しまず、研修課題を遂行するというものであった。この間、風呂に入った人は一握りの優秀な研修生で、私たちは下着も取り換えず、「一泊五日」を過ごした。

最後の日の夜に、その最終の研修成果として、その解読した『駒地図』を頼りに、グループの中の二人がペアになり、チェックポイントを回って今までの成果を確認するというものであった。

私は某運輸会社の課長とペアになったが、『駒地図』の解釈の違いからラリーの後半になって喧嘩となり、五十数組中ブービーとなって帰ってきた。そのため、グループ順位も三位となってしまった（私たちの成績によっては一位を狙えた）。

「和を以て貴しと成す」ではないが、協調性がいかに大切かをつくづくと体験させられた。この過酷さから か、大の大人のほとんどのペアが泣きながらゴールインする姿があった。私もその達成感と成績のふがいなさに、涙か何だかわからない滴を流したことを覚えている。

ところがそんな研修を終えて着のみ着のままで漸く帰宅すると、あまりの私の臭さに、玄関先で上着から下着まで脱がされ、鼻をつまみながらそれを洗濯機に放り込む愚妻に憤然とした。この研修後から、突然、二、三日職場に泊まりこんで勤務することになっても、下着なんぞ取り換えなくとも平気でいられるようになった（いまは毎日下着を取り換えています）。

その二年後、今度はリーダー役で「箱根研修」に来いという指示があった。リーダーは、研修生の一グループ（十人）を持ち、研修内容には口を挟まず、ただ、黙々と彼らを見守るというものである。彼らがリーダーに頼らず、率先して行動するということも研修の目的であった。前の研修を知っている同僚のAにもリーダーの命が下ったが、「あんな寝られない研修なんか行くもんか」と直ぐに断った。私にはそんな料簡が浮かばなかったから、そのまま行くことになってしまった。

研修に行き、また、研修生と同じように「一泊五日」が行われた。

最終日、私が担当する第五チェックポイントは、真っ暗闇のうっそうとした竹やぶの小道の前に、お墓が立ち並んだ所だった。

私はポイントチェック用の画板を首からかけ、その上に懐中電灯を一つ、胸元への明かりを吊り下げた、なんだか頭陀袋を下げた乞食坊主の様な情けない姿で研修生を待ち受けるのである。初夏の夜のお墓の前で一人彼らを迎える怖さは、蒸し暑い中なのに背筋の凍る思いであった。見知らぬ土地の夜のお墓は不気味だった。

それに、私は前回のこの研修の際、真夜中に宿泊棟のロッジに忘れ物を取りに行った際、誰もいないロッジのトイレの水が不自然に流れる音を聞いている。誰もいないはずのそのトイレの中を確認にいく勇気もなく、急いで研修棟に戻ったが、それを誰にも黙っていた。しかし、その不気味な現象を見たり聞いたりしたのは私一人だけではなかった。それまで黙っていたが、グループの中の数人が、誰もいないはずのロッジのなかで人の気配や物音を聞いていた。それまで黙っていたが、研修を終えて帰る間際になってそれを聞いた。誰もがグループを怖がらせたくなかったという思いがあったからである。

この研修が辛くて、宿泊棟で自殺をした人がいるという噂を聞いたのもこのときであった。それが、我々が僅かな睡眠を取る宿泊棟なのかわからなかったが、そんな話を聞いていたから、余計に深夜の墓地に立つのは根性が入った。

研修生が来ないそこは、竹笹がかすかな風にササァッと鳴るたびにギクッと胆が冷える。暗闇に目が慣れてくると、目の前にぼんやりとあるお墓につい目が行ってしまって困った。

研修が始まり、遠くからひそひそ話でもしながら研修生が現れるなら、「ああ、来た来た」という思いができる。しかし、中には、彼らも怖いのだろう、足音も立てず、この辺なのかなぁ、とポイントを捜しながら歩いていて急に私のいるポイントに出くわし、驚くペアもいる。が、一人で待っているこっちの方がよっぽど怖い。

急に飛び出してくるペアに、思わず「おいっ、脅かすなよっ」と喉まで出かかったことが何度もあった。

中には研修慣れしているのか、リーダーを脅かしてやれ、とわざと忍び足で近づいて来ては、わっと飛び出す輩がいて閉口した。

そんなポイントチェック中、あるペアの一人が足を挫いて、同僚に抱えられるようにして私のポイントに来て、「一人が足を挫いて歩けません。もう棄権したいのですが、よろしいでしょうか」と申し出た。私は「ここまで来て止めるのか、もう少しだから頑張れっ、一泊五日の集大成じゃないか、止めるのはいつでもできる。もう少しやってみて、それでもだめだったら棄権しなさい。それまで頑張れっ」と激を飛ばした。

彼等はそこから奮起して、ゴールまで辿り着いた。

後でわかったのだが、彼らは一位になったグループのペアで、彼らが棄権していれば私の担当していたグループが一位であった。

一位のリーダーは、この研修に来た時から、良きライバル意識を持てる人物であった。

「やはり、私のグループが一番だったよ。私の導き方がよかったんだなぁ」と自画自賛して威張られたから、

「棄権を申し出た彼らを続行させたのは私だ。あのとき、もし、私が棄権の申告を受け入れていたら、私のグループが一位だったよ」と空威張りをした。

二人が威張り合っている中に、足を挫いたペアが私のところに来て「あのとき止めなくてよかったです。あのとき、頑張るよう声をかけてくれたので、研修計画を完遂できました。ありがとうございました」と大の大人に、泣きながら深々と頭を下げられた。

私のグループであった滋賀県の方と静岡県の方の研修生とは、数年前まで賀状の交換が続いた。

この『箱根研修』は、いまはもうない、と聞いた。

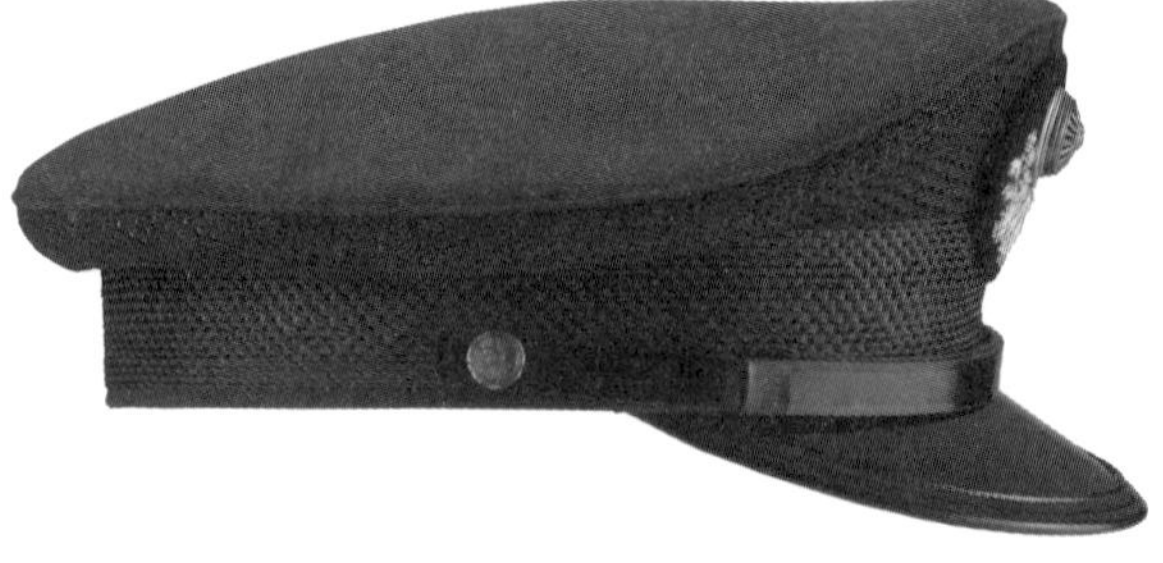

第四章　ああ、中間管理職
～助役時代～

■千葉駅時代

（一）ラジオ体操は誰のため？

支社勤務となってから十三年、期間だけは古株になっていた私は平成二（一九九〇）年二月に市川駅首席助役を拝命し、駅へ転勤することになった。

いままで、文書係長の転勤は地方の駅長に栄転することが常であったが、私は市川駅の首席助役であった。しかし、市川駅は車掌の同期生の戸田運転主任が主任連中の中心となっており、また愚妻の茶飲み友達の亭主たちなど、ほとんどが顔見知りで、和やかにのんびりと一年半ほど過ごしていた。息の合った主任連中はよく私を盛り立ててくれて、小集団活動やイベント参加など、他の駅がうらやむほど和の取れた駅になっていた。この駅に終生いられたらいいな、と思っていたら、今度は千葉駅の首席助役の辞令が出た。

駅長はなんと人事課、厚生課でお世話になった「斜に構えて人を斬る御仁」小鷲課長その人であった。どういう因果か、小鷲駅長とはこれで三回も同じ職場で仕事をすることになってしまった。良いか悪いか、巡り合わせとはこのことか。そして、副駅長には寺島係長がなっていた。その頃の千葉駅には三百六十人ほどの社員がいて、駅の合理化についての案件も含めて問題も多かった。

千葉駅に出勤して一日目、

「千葉駅は社員の健康維持のため、毎日ラジオ体操をやってるんだ、首席はできるかな？」と小鷲駅長から言われた。毎日、点呼前の八時半から「ラジオ体操」をやっているという。

人事課、厚生課で一緒に仕事をしていた気安さから「ええ、あんなもの、できます」と生返事とともに、「馬鹿にしないでくださいよ」と喉まで出かかったが、それだけは飲み込んだ。

▲平成2年、著者は13年ぶりに駅勤務へ出ることとなった。写真は最初の任地となった市川駅の運転主任の面々で、後列左から二人目は車掌同期生でもある戸田氏。運転競技会参加後の記念写真。

「じゃあ、明日からやろう」といわれた。

ああ、やってやろうじゃないの、あんなもの。

次の日の朝、駅長室には、副駅長、総務助役、当直助役、出札助役、改札助役、事務係など七、八人の社員が集まっている。総務助役が買ってきたのだろう、ラジオ体操のカセットが点けられている。

私が駅長室の一番隅っこの方に立っていると、「首席はここっ、こっちだ」と駅長の声だ。駅長の真ん前は嫌がって誰もいない。そこへ来いという。

仕方がない。その前に行くしかない。

ラジオ体操が始まった。

「ラジオ体操第一っ、はいっ」聞いたことのあるラジオ体操の声が流れてきた

「はいっ、オイチ、二、三、四」いつものように手を上げ、足を折り、体操を始めた。

すると、駅長から「おい、首席、腕が伸びてないぞ」ときた。

「腕っ……」仕方なく腕を大きく伸ばしてみる。

「次は背伸びの運動、はい、オイチ、二、三、四」

「おいっ、首席、体が曲がってるぞ」とまたきた。

次々の指摘にうんざりしているところに「首席、足を曲げすぎ」「おい、首席、もっと足を広げてぇ、もっと腕を伸ばす」と、さらに動作の一つ一つについて指摘してくる。

「ほいっ、首席、また腕が伸びてない、もっと体を反らして」

そこまで聞いて「ふん、こんなものやれるもんかっ」と、私は捨て台詞を残して駅長室を飛び出した。周りで体操をしていた連中は、両腕を真横に上げたまま、口をあんぐりとしている。首席助役ともあろうものが、駅長に面と向かってあんなことを言うのか、と思ったのかも知れない。いままでこんな首席はいなかった。いままでにない若い首席だから仕方がないと思われたかもしれない。

構内を歩いていると「あれぇ、首席、いまは体操の時間じゃないんですかぁ」とホーム担当の社員から声がかかった。それに、

「ふん、あんなものやってられるかってんだ」

と答えた私は、憤然と構内を歩き回った。

次の日も「ラジオ体操」の時間になると、駅長室から逃げ出した。

それでも体操に関して駅長は何も言わなかった。

千葉駅の構内は広い。ホームを巡回すると、五面あるホームのうち、総武線用の一、二番線の二百十メートルのもの以外は快速電車の十五両編成が発着できるようになっているから、長さは三百十メートルもある。三日もすると、足が疲れ腰も痛い。私は、毎日体操するのは身体の健康ばかりでなく、柔軟な体力づくりのためだということがわかった。

四日目、私は八時半になると、駅長室の「ラジオ体操」に参加した。「斜に構えていて、何を考えてい

▲市川駅の和気藹々とした雰囲気で勤務していた著者は、続いて千葉駅の首席助役に発令された。写真は少し前の昭和 50 年代に撮影された千葉駅で、駅ビルの構造がよくわかる。手前に見えるのは 7、8 番線。このの ち右側へ 9、10 番線ホームが増設される。（写真／千葉市立図書館蔵）

るかわからない」駅長には、それから何も言わずに服従するだけになってしまった。

ところが、私が駅長に負けて「ラジオ体操」に出たということよりも、〝今度の首席は、あの駅長に面と向かって反抗した〟ということの方が話題となり、三百六十人ほどいる社員たちが私に一目置くようになった。何のことはない。若い首席が馬鹿にされないように、そういう舞台を小鷲駅長が作り上げてくれたのだ。

もっとも後日談になるが、小鷲駅長は若い頃に局内に十数人しかいない「体操指導員の資格」を身に着けていて、「お前の体操は『ゆうれい体操』だったから、見兼ねて直したかったんだ」と言われた。

一生懸命やっていた私の体操を「タコ」や「クラゲ」ならまだしも、「ゆうれい体操」とは、ちとひどいんじゃないですか？

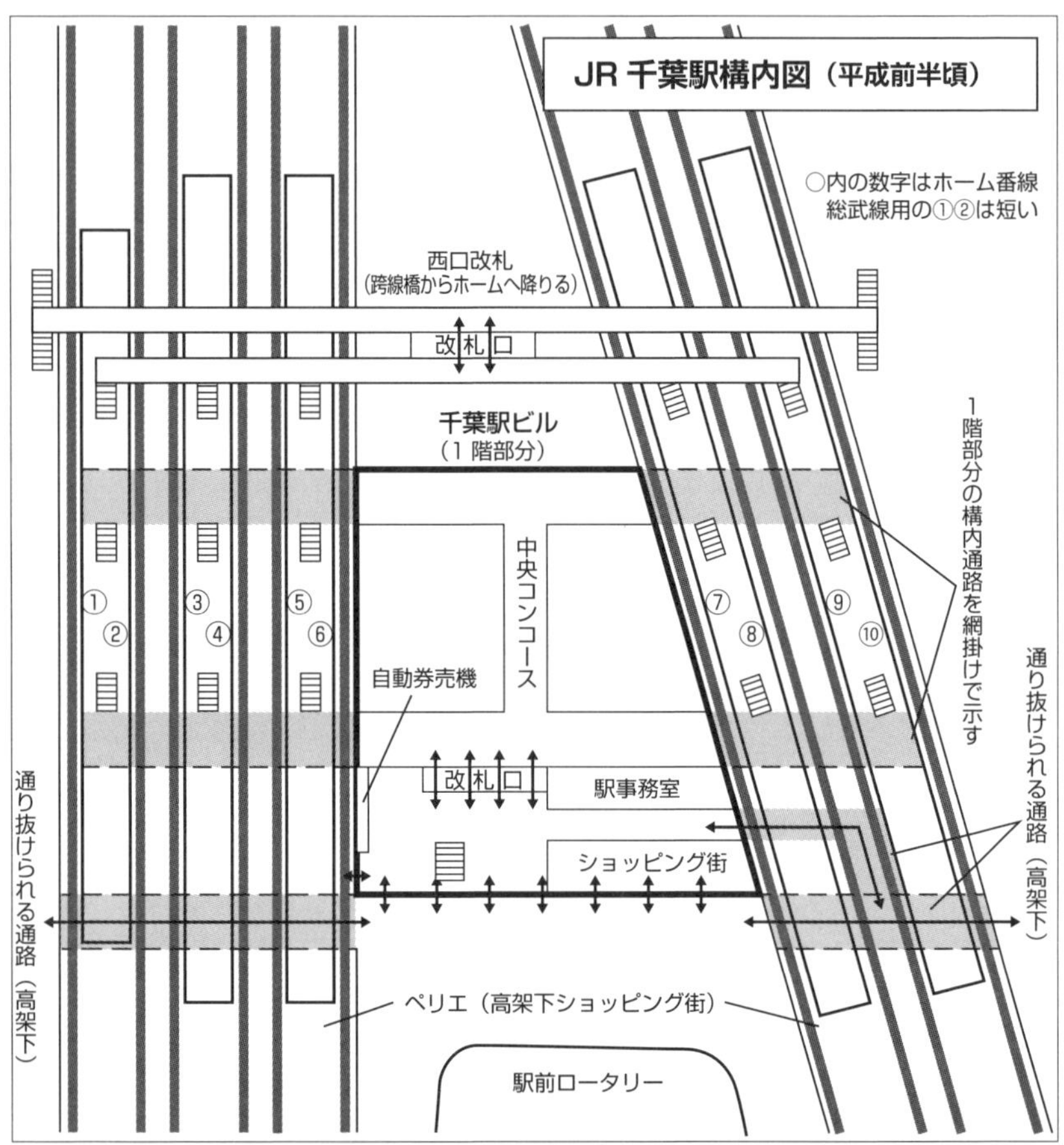

▲著者が勤務していた平成の前半頃（だいたい 1990 年代）の千葉駅の構内の様子。ホームと線路は高架（2 階部分）としてご理解いただきたい。当時は駅ビルの前面が全て出入り口になっており、広い改札を通ると 1 階部分の通路から 2 階となるホームへ上がった。現在は駅ビル自体が建て直され、いったんエスカレータなどで3階へ上がって改札を通り、ホームへ降りるようになっている。なお、図を見ていただいてもわかるように総武緩行線用の1、2 番ホームは他のものより長さが短い。

（二）あなたの心に訴えます

これは千葉駅に着任して二日目の話。構内を巡回してから駅前広場に向かうと、「あなたの心に訴えます」と書かれた鉄製の大きな看板（縦一・二メートル×横一・五メートルほどあった）が並べられている光景を目にした。駅前の不法駐輪対策として設置されたものらしいことは、書かれている文面ですぐわかった。

あなたの心に訴えます
あなたはここに自転車を止めて置くことはいけないことだと知っています。
しかし、ひそかに置いていきました。
人はだれでも良心を持ち合わせています。
見つめ直してください。
大切な自分を！

着任して三日目に、構内巡回を終えて駅長事務室に戻るやいなや、私は、

「おい、駅前広場にあるあの馬鹿でかい不法駐輪の看板、あれ、邪魔じゃないのかぁ」

と当直助役に言った。

すると、当直助役は目を丸くして駅長室の方をちらっと見た後、口に「しぃっ」と手をやった。

私は意味が分からず、そのまま、

「いま、邪魔なんで少し動かしてきたんだけど、あんなにバカでかくて重い物をよく作ったねぇ」

と続けた。

すると、駅長室から小鷲駅長が覗くようにして出てきて、

「あれは私が作ったものだけど、なにか……」

と言った。

私は慌てて、

「ああ、そうですか」とだけ呟くように言った。

「いいかぁ、お前はここにきたばかりでそんなことを言うが、あれを作るまでは、駅前広場は不法駐輪された自転車が溢れていて、お客さまが通行できずに駅は苦情ばかり受けていたんだ。いま、やっとそんな苦情がなくなったんだが、なにか……」

とおっしゃった。

「いいえ、私は何も、そんな、滅相も……」

しどろもどろになって、その場を切り抜けた。

千葉駅で乗り降りされていた方ならば、駅前広場の「あなたの心に訴えます」は誰もが見ていたはずである。あれは小鷲駅長の苦肉の策の不法駐輪対策であった。この看板は十数年も千葉駅前広場に鎮座したが、その後、駅改良とともになくなった。

部下だけでなく、お客さまの心をも鷲掴んでしまう小鷲駅長は、文才があった。しかし、あり過ぎるのも部下には困りものである。

ある日の終電後、三十代後半の会社員風の泥酔客がホーム乗換階段の上に取り残されていた。終電車を降りたものの、酔っていたので改札口へ向かう途中で寝てしまったらしい。

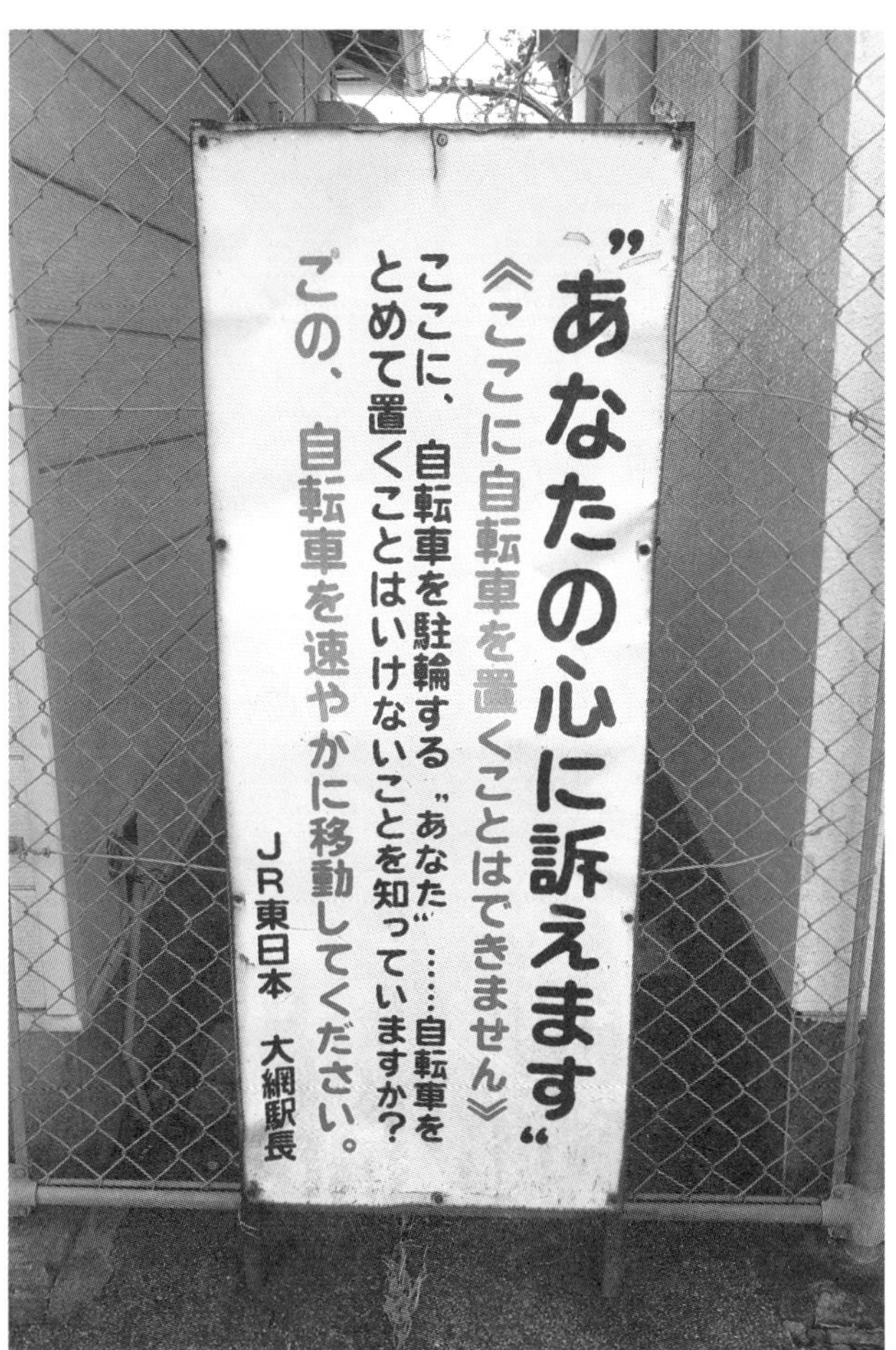

▲何気なく目にする看板にもドラマがある。これは1990年代に駅前の放置自転車対策に頭を悩ませた千葉駅長の小鷲氏が発案したもの。利用者の良心に訴えかける文面は見事成功し（そもそも、駅からそう離れていない場所に、誰もが停められる駐輪場が用意されていた）、著者が配属された当時には放置自転車は激減していた。こうした成功事例は各方面で共有され、実践（水平展開）される。写真は2020年に東金駅で撮影したもの。ちょっと文言が違うが、まだまだ現役といったところだ。「大網駅長」とあるのは、東金駅がその管理駅であるから。

それを見つけたO当直助役が「お客さま、終電は終わりました。改札へ行きますか」と声をかけた。するとその酔客は「なにぃっ」といって、ふらつきながら立ち上がった。

O助役が「終電は終わりました。改札口へ……」と案内しようとすると「うるさいっ」と言って、その手を振り払った。

それでも、彼が泥酔してふらついているので、O助役は手を差し伸べようとした。瞬間、「この野郎っ」と言って酔客が殴り掛かってきた。

O助役は避ける間もなく、顔面と左耳の脇を殴られた。痛いっ、と思ったが、そのまま、酔客をなだめようとした。が、酔客が今度は暴れ出し、更に殴り掛かってきたので、階段を下りてその場を逃げようとした。

酔客はなおも追いかけてくると、今度は階段の上から蹴飛ばしてきた。

O助役はもんどりうって階段途中の踊り場まで落ちて行った。そのとき、漸く騒ぎを聞きつけた改札社員が数人来て、酔客を取り押さえた。

O助役は顔面と耳に裂傷を負い、蹴飛ばされた腕と腰は腫れ上がっていた。

第三者加害発生である。全治二週間との診断であった。

これは今までにない悪質な暴行行為である。即刻、駅前交番を呼んで酔客を引き渡した。

数日して酔客は上司に付き添われて謝罪に来た。悪質な暴力行為のため、四、五日留置場にいたらしい。

ところが、謝罪に来た上司は「何もこのくらいのことで、警察沙汰にすることはないんでは……」と言った。この部下にしてこの上司だ。呆れかえって二の句が出なかった。暴力をふるって相手に怪我をさせているのに平然としている上司も許せなかった。

O助役が休んでいる間、駅長から「首席は示談書を作ったことがあるかね」と聞かれた。

「いいえ、いままでは既存の示談書で対応していました」

「いいか、示談書は『今後絶対このような行為はいたしません』という『誓約書』だぞ。安易なものでその場しのぎの示談ではだめなんだよ」

「わかります。しかし、いままでのもので十分だと思って、作ったことがありません」というと、

「ちぇっ」と、小さく舌打ちをした後、

「ほぅれ、これが私の作ったいままでの『示談書』だ。この文書を参考に考えてみれっ」という。みれっとはなんだ。こんな文書なんか、考える間もない。直ぐに出来上がる。

多少文章書きに覚えもある私はそれをもって自分の机に戻ったが、そのまま半日以上その文書とにらめっこをしていた。示談書は加害者が「申し訳ありません。今後一切このようなことは致しません」という詫び状である。これは本来ならば加害者が書くものである。

ところで、こうした駅での暴力沙汰の加害者の多くは社会的にも地位が高い人が起こすことが多い。

小鷲駅長は加害者がお詫びに来ても直ぐには会わない。反省をさせるために、一時間ほど待たせた後、いろいろ話し合い「それではそちらで示談書を書いてください」という。しかし、ほとんどの人は真面に書けない。

そこで、「あなたほどの地位のあるお方が『示談書』も真面に書けないとは実に情けない……（だから、暴力行為など引き起こすのです）」と、一言加えて、執拗に反省を促してから、「それでは、こちらで作った示談書を見ますか」と始まる。自分の行為に後悔しているから相手は二の句が出ない。斜に構える御仁のやり方だ。

さて、私が頭を抱えながら机に向かっていると、駅長がときどき駅長室から出てきては、おもしろそうな顔をして覗き込んでは、

「おい、まだできないのかぁ」と聞く。

「まだです」というと、

「しっかり作れよ」といって駅長室に戻る。

しばらくして「ほぅれ、できたかぁ?」とまた出てきては、引っ込む。

出てくる度に「もうすぐです」と答えたものの、そんな付け焼刃的にできるものではないのは駅長自身がよく知ってるはずだ。

そんなとき、「当直助役ぅ、まだですかぁ」と改札社員が駅事務室に入ってきた。何か当直助役に頼んでいたらしい。

私がとんと離れた所から、「うるさぁいっ」と思わず怒鳴ったものだから、その社員が、きょとん、としている。

当直助役が駅長室と私の方を交互に指をさしてから、両手の指と指を突き合わせて、無言の合図をした。改札社員がそれを見て、ぷっと噴き出すと、あわてて駅事務室を飛び出して行った。

その日、遅くまで一緒に残っていてくれた駅長は、「今日は無理そうだから、明日でもいいぞ」といって帰って行った。

私はそれからも少し残って考えていたが、結局思うような文案ができず、家に持ち帰った。

翌朝、今度は催促もしない駅長を怪訝に思いながらも、昨夜考えた「示談書(案)」を清書してから駅長室に入った。

▲駅社員に対する暴力沙汰というのはあとを断たず、現在でも啓発ポスターが毎年制作されている。写真は 2022 年に東京駅で見かけた暴力防止を訴えるポスター。

「おお、やっとできたか、見せてみろ」といった。

私が指摘を恐れて躊躇して持っている文案を、引っ手繰るようにして取った。しばらくじっと見てから、

「そうかなぁ、もうちょっと強い表現の方がいいんじゃないのかぁ」という。

「そうですかねぇ、このくらいが適当では？」

「いいや、あんなひどい奴はもっと反省と後悔をさせなければいけない。お前、社員が可愛いくないのか？」

「いえ、可愛いです」

「そうだろ。それならもうちょっと強くてもいいんじゃないか」

そういって、この示談書はその後も夕方まで練り直されて漸く出来上がった。

いつも、『駅長は孤独だ。組織の長なんてみんなこんなものだ』と口癖のように言いながらも、部下のために身を尽くすこともつくづくと知らされた。

加害者はその後、会社を解雇され、上司もお咎めがあったという。

鉄道社員は酔客の暴力にほとほと困惑している。しかし、一旦、加害者になると身の破滅にもなる酒の怖さを知ってほしい。

それと、文才のある上司に「てにをは」まで指導されることのたいへんさも知ってほしい。

駅長、あなたの心にこそ訴えます。

(三) 単独（一人）作業の怖さ

千葉駅の首席助役から副駅長になった年の冬に大雪が降った。例年にない大雪で、交通網は大混乱した。千葉駅も雪害対策をしなければならない。しかし、国鉄時代にはたくさんいた人員も合理化され、百人近くも少なくなっていた。

千葉駅は総武本線・成田線方面と外房線・内房線方面、そして、東京方面の総武線の三方から駅構内に列車が入って来る。そして、隣りの東千葉駅には千葉駅の電留線（列車を一時停留させて置く線）があった。

昨夜から降り出した雪は止めどなく降り続き、町も駅も真っ白になった。

駅には旅客を担当する出札社員や改札社員がおり、列車の運転に関わる信号所社員やホームで列車への乗降を見る運転主任が運転部門を担当する。

千葉駅の信号所では駅構内に進入出する列車の信号を担当する社員がいる。この大雪の際も、漸く運転している列車の千葉駅への進入出に苦慮している。

昨夜からの大雪で構内のポイント（線路の切り替え部分）には、融雪灯が焚かれていた。

二十二時を過ぎ、大きく乱れている列車ダイヤの本数も少なくなった。

「副駅長、東千葉の電留線のカンテラ（融雪灯）の灯油を補充しないと間もなく切れてしまいます。誰か手伝ってくれる社員はいませんか」

と信号所の運転助役が泣きついてきた。

どこの職場も昨日からの大雪の除雪やその他の作業で疲労困憊している。

当直助役も一度私に留守を頼んで、灯油補充に行っている。今度は私ぐらいしかもう残っていない。

「よし、今度は私が行くが、大丈夫かな」というと、

「よろしくお願いします」といわれて、その三十分後に出かけることになった。

補充の時間になり、駅事務室を出てホーム先端まで行くと、助役と信号所社員数人が待っていた。そして、私の姿を見ると、

「えぇぇ、副駅長が行くんですかぁ、大丈夫ですかぁ、心もとないなあ」と言った。

もともと運転担当の社員は口が悪い。副駅長なんぞ屁とも思わない。しかし、

「ああ、これでもいままでいた駅でやったことがあるから、君らには負けないよ」

「相変わらず負けず嫌いだなぁ」

と互いに無駄口をたたきながら歩いていても、構内に入った瞬間から誰も口を利かなくなる。構内に入るということは、いつ列車が来るかわからない。無駄口を叩いていると、時には生死を分けることもあるからだ。

それに、こんな日は列車の進行音が雪に消されて静かである。だから、構内では必ず二人体制で、一人が見張り、もう一人が作業員として作業を行う。

東千葉の構内は思ったより広かった。昔はここが千葉駅で、東京方面からきた列車はここからスイッチバックして房総東線（現在の外房線）、西線（内房線）へ向かっていたのだが、円滑な運行をするため、現在の位置に移転したのである。だから、本線の脇に数本の電留線とその支線がある。線路としては十線ほどがあり、それぞれにポイントがある。一か所のポイントには少なくとも六個の融雪灯が設置されてある。要所のポイントに設置されているものだけでもかなりの数になる。

夜間、その融雪灯を遠くから見ると、大雪のなかでちらちらと赤く燃える明かりに、何とも言えない風情を感じられるが、いざ現場に行くと、灯油の燻ぶった匂いと寒さ、そして足元の悪さに閉口する。それでも、声をかけあい、まず、火の点いている融雪灯を引き出してから、雪をかぶせていったん火を消す。そして、火が消えたのを確認しながら、湯たんぽのような本体に灯油を補充する。

だから、両手袋は煤で真っ黒である。そして、目の周りも鼻の穴も黒々と煤けるのである。

一線終わり、二線終わった。そのとき、「あれっ、さっき点けた中に消えているヤツがある」と誰かが言った。

本線に近いところのポイントの、一か所の融雪灯が消えている。

まだ灯油を補充しなければならない融雪灯はかなりある。

「よし、わかった。あれは私が点けてくるよ」

と私は言った。

「一人で大丈夫ですか」

「大丈夫だ。このくらいひとりでできるよ。みんなは次の作業に移ってくれ」

「助かります。ではお願いします」

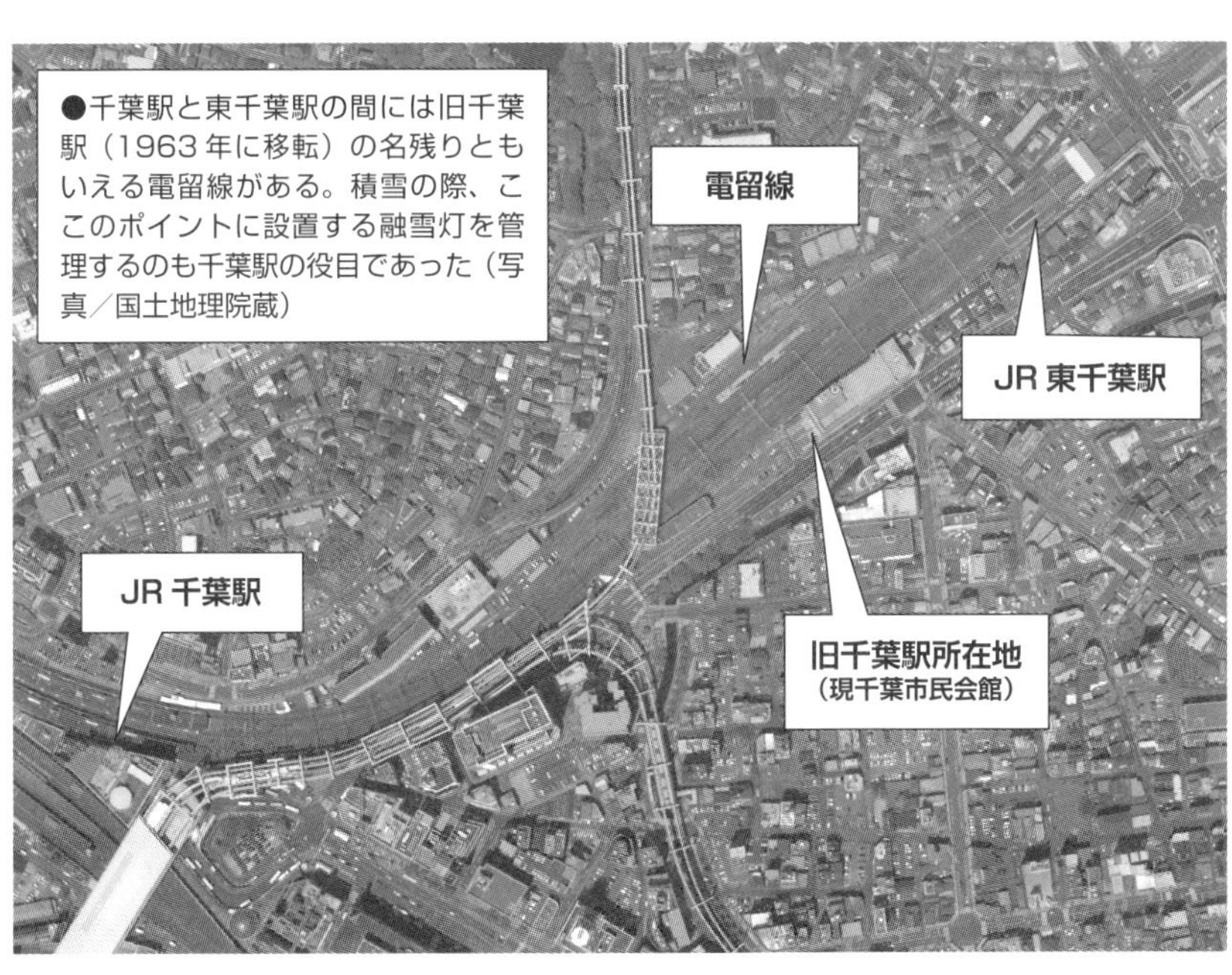

●千葉駅と東千葉駅の間には旧千葉駅（1963年に移転）の名残りともいえる電留線がある。積雪の際、このポイントに設置する融雪灯を管理するのも千葉駅の役目であった（写真／国土地理院蔵）

消えた融雪灯だから、火を点けるだけの簡単な作業である。私が行ってやれば他の作業員は次の作業ができる。そう考えて私は一人離れてポイントに向かった。

日常、「単独（一人）作業はどのような危険があるかわからないから、絶対に行ってはならない」と、社員には口が酸っぱくなるほど点呼等で伝えていた側の私である。『放れ駒にさせるな』は作業の鉄則である。が、実際に現場で作業していると、効率よく簡単にできるものは早く終わらせようとする気持ちが働く。

私は消えた融雪灯のポイント近くに寄った。辺りを見回した。構内は雪原となっていて、遠く千葉駅の明かりがカーブしたその先にうっすらと見える。列車は見えない。

私は腰を下ろして、消えた融雪灯を引き出した。そして、点火部分を取り外した。

そのとき、シャーっ、シャーっ、と雪原を走る列車の音が幽かに聞こえた。ハッとしてその場に身を伏せた。

瞬間、数メートル先の線路を特急「成田エクスプレス」が雪煙を上げてものすごい勢いで走り去った。千葉駅通過の特急列車は大幅に遅れているから、速度を速めて成田空港へ急いでいた。

私は肝を冷やした。一人作業の怖さを身に沁みて知った。

いつも、「人間の身体はトカゲじゃない。一度なくした身体はもどらない。作業は安全第一で考えろ」と言っていたのに、震える身体をなんとか抑えながら、社員の元に戻って行った。

単独作業がどんなことになるか、あと数メートル先の線路にいたら……、と思うと私の胸の震えはいつまでも止まらなかった。

(四) 指令室への不満

千葉駅には信号所が設けられていて、駅構内に進入出する列車に対し、ここで信号現示が行われているということは前述したが、ダイヤに遅れが生じたときには信号所は指令とのやりとりで戦場となる。

「五番線の電車をなぜ発車させないんだっ」

「東京方面からの電車を接続してから発車させてくれ」

「いま千葉駅のホームはお客さまでいっぱいだ。いつまで待たすんだっ」

「もう少し待ってくれ、接続が優先だ」

「こっちでは場外(場内信号機の外)に長く電車が止まってるんだぞ」

「この電車を接続させないと、終点の○○まで電車がなくなる。だから、接続を取るんだっ」

「何を言ってる。それは終点駅で考えろっ」

「そんなことができるかっ、あと三分だっ、三分待たせろっ」

こんな感じで異常時の駅信号所と輸送指令室との間は険悪な状態になる。「接続」とは列車同士を物理的に連結することではなく、ある電車の到着を待って乗客の乗り換え時間を作ってから当該の電車を発車させることである。

さて、電車が平常に運行されていたある日、私は構内巡回で信号所に入った。

「今日は事故もなくて、信号所はのんびりとしているねぇ」と声をかけると、

「こんな日は珍しいですねぇ」

と休憩中の社員が応えた。信号台に向かっている社員もちらりとこっちをみたが、そのまま信号台に目を戻す。

「毎日神経を使う仕事でごくろうさま。何か困っていることはないの？」

と聞くと、待ってましたとばかり、休憩中の社員が口を尖らした。

「ええ、異常時になると、輸送指令の奴らは、こっちのことも聞かずにやりたいことばかりやって、現場（駅）のことなんか聞いてくれないんですよ」

「そんなこともないだろうに……」

「いいや、指令室は現場の声なんて、ちっとも聞いてくれないですよ」

別の社員が、信号台から目を離さずそういった。

「そうだよなあ、現場では場外に電車が止まっているから、ホームにいる電車を早く発車させて、駅の外で止まっている電車を入れろと言っても、やれ接続だ、やれ前が詰まっているとか言って、千葉駅のこと

▲列車の運行は輸送指令室（CTC センター）で集中管理されているが、ひとたび事故が発生するとその対策のため、駅信号所との間でさまざまな指示が乱れ飛び、いきおい両者の関係が険悪になったままになることがあった。写真は昭和 50 年代の列車指令室

なんかまったく聞いてくれず、車両の運用ばかり考えているみたいですよ」

「そうかなぁ、でも、指令も異常時になると大変だぞう。私も指令にいたことがあるけど、その大変さで、指令を降りていく人があるほどだぞ」

「こっちもたいへんだよなぁ」

とまた、ほかの社員が口を曲げた。

「そうか、それじゃぁ輸送指令がどんなに大変か、異常時に誰かが行って見学するといい。私が指令係長に頼んでおくからね」

そういって、信号所から出ると、隣りにある支社ビル（いまは移転）の輸送指令室に向かった。

顔見知りの指令係長に事情を説明すると、

「私たちも千葉駅の信号所の連中が、指令の言うことを聞いてくれないと不満をいっていたところです。異常時に相互に一人ずつ、見学させましょう」

と、話が決まった。

それから数日して事故が発生した。列車ダイヤは乱れ、千葉駅も混乱し、輸送指令室も紛糾した。

そのとき、あらかじめ決めていた社員を相互に派遣した。にわかに喧噪になった輸送指令室と千葉駅信号所。

職場に戻ってきた社員は、

「いやぁ、指令室は事故が起きると、千葉駅だけでなく、東京方面や木更津、茂原、成田、銚子と、各方面のことまで考えて指令を出さなければならないから、我々だけが無理を言えないのがよくわかりました。指令の大変さがよくわかりました」

と言った。

反対に、後で指令係長に千葉駅信号所の状況を聞くと、

「指令からの指示が適切に伝わらないのがよく分かったそうです。指令室はもっと現場（駅）に情報を流さないといけないことがわかりました。これからは、何度かこの相互の派遣を続けましょう」と言った。

このことがあってから、信号所の社員の輸送指令室への不平不満が激減した。

それぞれが相手の仕事の実態を見ることにより、相互の理解を深めることができるものである。

（五）構内のトラブル

平成五年二月、小鷲駅長が定年退職され、野中駅長に変わった。その頃、千葉駅の構内にはホームレスがたむろして困っていた。

構内巡回すると、彼らは決まっていつものところで酒盛りや昼寝をしていた。その中にSという手配師がいた。彼らのリーダー的存在で、「飯場」で人が足らない、と連絡が入ると、ホームレス数人をそこへ送っ

たりしているようであった。

ホームレスの中には、気の弱そうな人、いつも酒を飲んでいる人、何かに怯えておろおろしている人などいろいろな人がいた。彼らにはそれぞれ縄張りがあり、内房・外房線の高架下、総武・成田線の高架下、そして改札口付近の構内にたむろする三つのグループとなっていた。彼らは一人でいると危害を加えられるということから、たむろして人混みに寄る。

困るのが構内グループである。なにしろ、何日も風呂に入っていないから、どうしても彼らから匂いが出る。すると、乗降客から苦情が来る。構内には駅ビルへの入り口があり、暖房も冷房も効くから、彼らにとっては格好の住処である。

しかし、それが苦情の元になる。駅長事務室には「どこそこにホームレスがいて困る。直ぐに排除してくれ」と改札を経由して苦情の連絡が入る。

彼らと駅社員はどうしても『犬猿の仲』になる。

当直助役は決められた作業ダイヤの仕事があるから、排除に行くのは決められた作業がない私である。

直ぐに駅長事務室を出て対策に向かう。

「はい、はぁい、ここにいては鉄道をご利用されるお客さまのご迷惑になりまぁす。ここにあなたたちは居られませんよう。駅構内を出てくださぁい」

最初は丁寧にお願いする。

気弱なホームレスはそそくさと身の回りの物（といっても大体はビニール袋一つだが）を持ってよたよたと構内から出ていくが、ほとんどは知らんふりをする。

「ほぉい、聞こえませんかぁ、ここは駅構内、みなさんはここに入ってきては困りまぁす」

と次もやんわりという。

「わかってるよぅ」

と応えるが彼らは直ぐには立とうとしない。

「さぁさあ、早く立って立ってぇ」

と催促すると、漸く、仕方なさそうに立ち上がる。そして、構内から外房線高架下に向かったり総武線高架下に向かったりして四散する。

排除できたと思って、そのまま直ぐに駅長事務室に戻って椅子に座るや否や、また直ぐに改札から「ホームレスが戻ってきましたぁ……」と苦情が入る。まさにいたちごっことはこの事だ。

新米の首席の頃はリーダーのSとの葛藤もあったが、二年目に副駅長になると、Sとも顔馴染みになり、私の顔を見ただけで、こいつはうるさいやつだと思われたのか、逃げ回るようになった。

そんなある日の夜、この手配師Sが中心となって構内で五人ほどが酒盛りをやっている、と連絡が入った。「よし、わしも行く」といって野中駅長を先頭に当直助役と私の三人で排除に向かった。

彼らは飲んでいる。今日はかなりの酒盛りのようで、五人はもうほろ酔い機嫌であり、気分も高まっていたのだろう。

まず、野中駅長が、

「ほらほら、ここは駅構内、こんなところで酒を飲んじゃだめじゃないか」

とやさしく言った。

すると、だいぶ酒の入っているSが、

「おお、駅長か、おめぇは駅長だろ、いつも俺たちを邪魔にしやがってぇっ、この野郎っ」

と殴りかかった。瞬間、酔っぱらっているSがスッテーンと転んだ。Sは何がなんだかわからないでいる。傍で見ている私も何がどうしたのかわからなかったのだが、実はSが殴り掛かってきた瞬間、駅長が体を交わして避け、倒れるSの頭をけがしないよう掴んでいたのだ。

それを見たホームレスたちは、正に蜘蛛の子を散らすように逃げて行った。

それから二、三日彼らは姿を見せなかったが、しばらくして構内に現れると、Sが私のところに来て、「いつぞやはご迷惑をおかけして、すみませんでした」と謝った。

私はSを諭すように「うちの駅長は高校時代柔道をやっていて、高校総体に出たほどの兵(つわもの)だよ。もう、ここにはいない方がいいよ」と言った。

それ以来、Sのグループはひとりも構内に現れることはなかった。

（六）高貴なホームレス

毎月末の土曜日の夕方に限って、千葉駅の改札口付近に一人のホームレスが現れた。背が高くて、ちょっと見ではホームレスとはわからない小奇麗さをもっていた。

それがホームレスであるとわかるのは、改札の社員のなかでもベテランだけであった。

彼には東京六大学出身の超有名なプロ野球選手と机を並べたこともあったが、なぜか『世捨て人』となってしまったという噂があった。ただ一方で、その大学出というのは眉唾物だという人もいた。

ある日、行先に迷った外国人が改札口を訪ねて来た。しかし、いまから二十数年も前の話だから、流暢に英語の話せる改札社員なぞそうはいない。改札社員がたどたどしい英語で話しても、その外国人には通じなかった。

ちょうどそのとき、駅構内にかのホームレス氏が現れた。改札社員は、どうにも困って「この人たちは何をいってるのか、わかりますか」と、通訳を頼んでみた。

すると、ホームレス氏はなんなく英語を話して、外国人の行き先を教えてくれた。

改札社員たちは喜んだ。大学出は本物であったのだ。それからは月末の土曜日に、外国人が改札口に来て通訳に困ると、彼を必死で探し回った。時には駅前まで彼を捜しに行った社員もいた。

何度も改札社員がお世話になっていることは駅社員間でも有名になっていった。

彼が月末の土曜日に改札口に現れるのは、彼の妹が僅かながらも生活費を届けてくれる約束の日だったらしい。が、しばらくすると、その生活費が途絶えるようになり、それとともに駅に近づかなくなった。

ある冬の冷たい小雨の降る日の深夜、駅から離れた大通りの交差点で交通事故があった。亡くなったのは彼であったと噂が立った。

その噂は本当だったのか。その後に彼を見た者はいなかった。

(七)　駅長不在時の大チョンボ

千葉市は中国の天津市と姉妹都市になっており、千葉駅も天津駅と姉妹駅となっている。隔年ごとに友好の行き来をしていた。今年は千葉駅が天津駅を訪問する年であった。千葉駅長を団長として総務助役や主任を含めて数名が行くことになった。副駅長の私は当然残って「千葉駅長代理」となった。この年は訪問日数が一週間未満であったので、代理発令はなく、そのまま業務管理を任された。

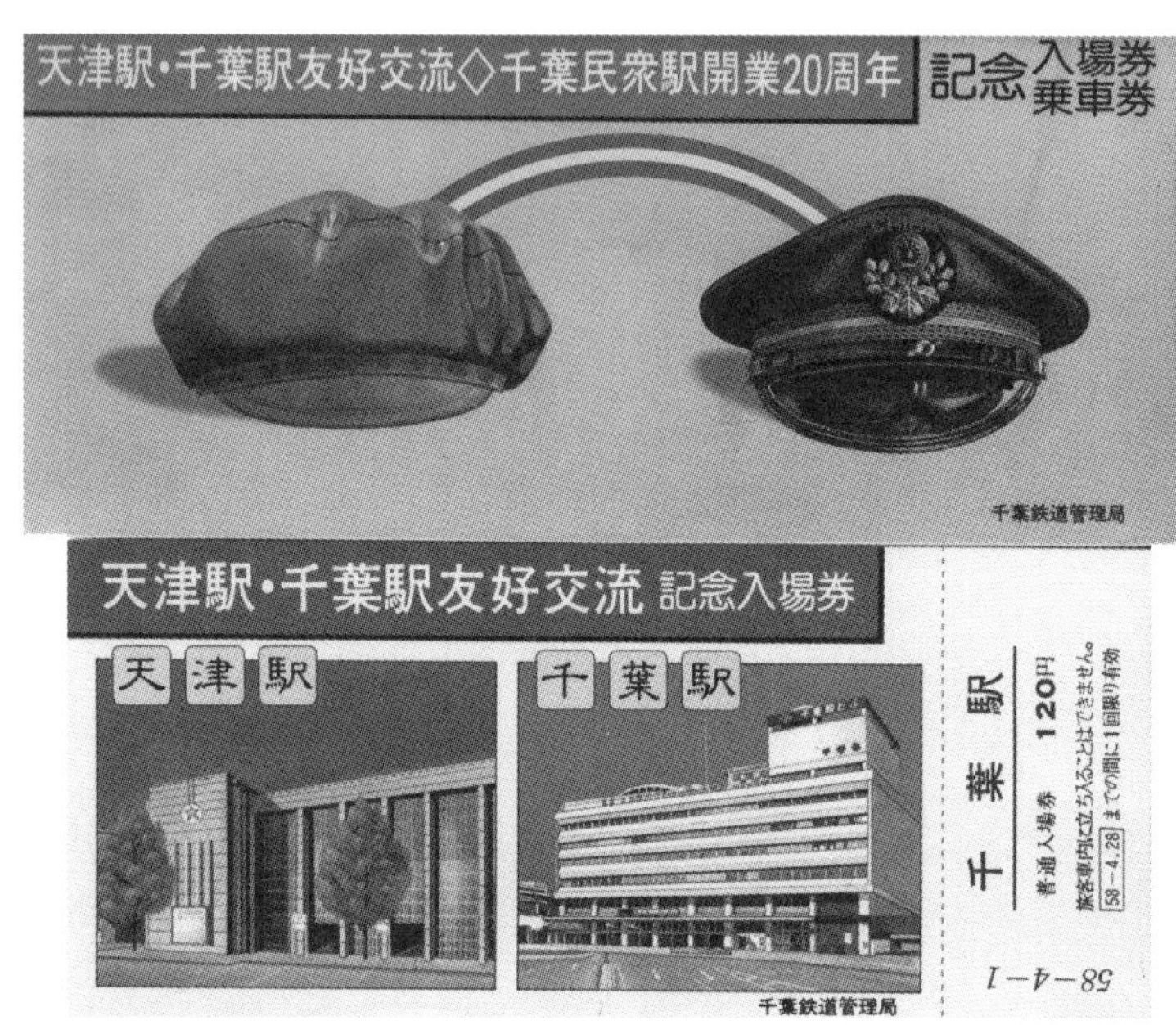

▲中華人民共和国の天津駅と千葉駅は国鉄時代から姉妹駅となっており、隔年でお互いが尋ねあって交流が図られた。著者は千葉駅長が天津へ出かけている際に大きなミスを犯してしまった。

このとき、駅長から「私がいない間に、動労千葉の組合所属の社員の人事異動がある。当人たちには、あらかじめ言い含めてあるから、異動に関する不満はないはずである。だから、淡々として発令するように」と指示があった。

「はい、遺漏のないようにやります」と返事をした。

この頃も、成田闘争の余波が続いており、また、国鉄から民営化されたが、合理化の波が続いており、鉄道社員として採用されながら、「駅売店」などの鉄道業務以外の業務を行っていた。当局からは問題視された組合員も私たち管理者に対して強く反発することもなく、業務は淡々として行っていた。むしろ、朝の点呼や構内巡回の際の彼らの態度は、私に対しては「副駅（副駅長）、仕事はしっかりやるからだいじょうぶだよ」といって、他の社員と遜色なく業務を行っていた。

翌日、駅長たちは中国へ飛び立っていった。

すると、二日目の朝になって、転勤する社員の「発令通知書」が支社から届けられ、人事異動を通告することになった。

私は直ぐに「発令通知書」に、今日の通告月日を入れて、転勤者に通告するため、彼らを駅長室に呼んだ。

転勤該当者は六名、それぞれが動労千葉の組合員である。

私は一人一人駅長室に呼んで「発令通知書」を読み上げて手交した。そのとき、四人目に通告した社員が自分の「発令通知書」を見て怪訝な顔をしたのを見落としていた。しかし、発令通告はスムーズに終わり、彼らはそれぞれ職場に戻って行った。

昼食時になった。そのとき、「副駅長、今日発令した社員が、昼休みに食事に行くと言って、どうやら組合本部に行ったようです」と、当直助役が知らせてくれた。

「組合本部に？　発令通知を貰ったことを組合に知らせにでも行ったんだろう」と軽く受け流した。

夕方、彼らの日勤勤務時間が終わり、業務終了と同時に駅前広場が急に喧噪となった。動労千葉の街宣車が来たのだ。駅長事務室にいても、かすかに「糾弾するっ」「組合員軽視っ」「組合差別糾弾っ」という言葉が頻繁に出てくる。

私は「また合理化反対の街宣活動だろう」と受け流していた。

すると、当直助役が血相を変えて駅長事務室に戻ってきた。

「副駅長、たいへんです。動労千葉の街宣車が駅前広場に来て、副駅長を名指しで非難しています」と言った。

私は何がどうなっているかわからない。

すると、支社の労働課長から「副駅長っ、今朝渡した発令通告日を間違えてないかっ」と混乱したような電話が入った。労働課長は人事課の先輩で、いつもこちらを気にかけてくれている。

「発令間違い？」

「通告の今日の日付が間違っているぞ。通告の日付が一年後の今日になってるぞっ。組合本部から申し入れがあった。発令通知を見たが、確かに日付が間違っている」

その言葉が終わらないうちに私の頭の中は真っ白になった。

あれほど慎重に行った発令通告行為が間違っていたとは……。どう対処したらいいのかわからなくなった。

駅前の街宣車は、

『千葉駅のぅ、副駅長の吉野はぁ、我々組合員をぅ、こんな紙切れ一枚によって合理化という名目により異動させぇ、またぁ、その間違った発令通知書をもってぇ、平然として通告しているぅ。これはぁ、部下社員への侮辱でありぃ、組合差別とぅ、組合蔑視のなにものでもなぁい。我々はぁ、断ぁ固としてぇ、このような管理者を許さなぁい、我々はぁ、徹底的に千葉駅管理者を糾弾するものであるぅ』

街宣車の音量は千葉駅前のビル街一帯に響き渡っている。

仕方がない。どうすることもできない。それでも、街宣車は一時間ほどすると、駅前からいなくなった。

「副駅長、発令通知書を人事課長に頼んで再度作成して貰ったから、明日以降、速やかに交換してもらってこい」と労働課長の電話が夜遅く入った。

明日は異動を通告した社員は一斉に休暇を申し込んでいる。また、その組合員は千葉県中から通っている。

▲国鉄民営化から少し経ってはいたが、社員を異動させる際には細心の注意が払われた。そんな中での辞令記載ミスは相手の神経を逆撫ですることとなり、駅のロータリーに街宣車がやってきてしまった。写真は平成元年の千葉駅前ロータリー（写真／千葉市立図書館蔵）

翌日、初電の外房線に乗った。一番遠いのが外房の漁師町から通っている社員だった。仕事場では、同じ漁師町の出身として気兼ねなく話をしていた仲である。管理者と社員の違いはあっても、漁師町の誼で素直に応じてくれるものと高をくくっていた。

夜明けの漁師町はほとんどの住民が起きているようであった。彼の家の呼び鈴を鳴らすと、彼の父親が出てきた。

「朝早くから申し訳ありません、千葉駅の副駅長の吉野と申しますが、○○さんはいらっしゃいますか」と声をかけた。

すると、父親がうさん臭そうに私を見た後、彼を呼んでくれた。まだ寝ていたのを起こされたようで、私の顔を見るなり「なにしにきたんだ」と言った。

「おはよう、朝早くから申し訳ない、昨日渡した発令通知書を交換してほしいんだが……」

「なぜだっ？」

「ご存じのように、発令日は変わらないのだが、発令通告月日を間違えてしまったようなので、正規なものと交換してほしい」というと、

「お前らはなっ、こんな紙切れ一枚で我々を異動させようとするから、こんなことになるんだよぅっ。俺のやつ（発令通知書）は組合本部に預けてあるから、ここにはないよっ」とけんもほろろに言われた。

確かに、組合本部からは個人に戻してあると聞いている。

「こんな朝早くに近所迷惑だっ、いい加減にして、さっさと帰ってくれっ」

と怒鳴られた。

確かに、漁師町とはいえ朝早く迷惑だったろう。私は仕方なく、その場を引き上げた。

自分の起こしたミスである。私自身もいままでこのように紙切れ一枚を渡されて異動してきた。が、そのように受け取めたことは一度もない。しかし、そう取られても仕方のない自分のミスの情けなさとともに、異動という鉄道社員の宿命をどう受け止めたらいいのか、どうにもならない苦悶と自己嫌悪を覚えた。

次は隣町。そこも漁師町だ。朝早い田舎町を歩く私の足取りは更に重くなった。

そこでも、同様の仕打ちであった。

私はいままで千葉駅の副駅長として彼らに対応してきた社員管理を否定されたようで、その思いに打ちのめされ、愕然としながら帰りの電車に乗った。

次は蘇我駅から内房線に乗り換えて君津である。

その社員は組合の幹部で、彼らのリーダー的存在である。やはり、一筋縄ではいかないことを覚悟した。

昼近くになって彼の自宅に訪問すると、在宅していた。

「私のミスでこのような失礼な発令になったことは申し訳ない。なんとか発令通知書を交換してほしい」

というと、

「いいでしょう。いままでの副駅の、我々に対する対応を思って、交換するよ」と言ってくれた。

私は唖然とした。余りにも素直に交換に応じてくれたのである。

「副駅、いまわれわれ組合員もみんな合理化でナーバスになっている。そんな時にこんな単純なミスをやるもんだから、そりゃぁ狙われるよ」と言われた。

この言葉にホッとしていると、

「交換してもらえなかった社員には俺からも頼んでやるよ。今日はみんな休みを取っているから、明日以降、職場で交換しましょう」と言ってくれた。

いつも社員として業務も一番しっかりと行い、また、組合員であるということを一番に誇示していた彼が、このように言ってくれたのには頭が下がった。

その後、成田と幕張の社員の自宅に向かって頭を下げた。

翌日、交換した全員の「発令通知書」を持って、労働課長を始め人事課長等に頭を下げに行った。

人事課の社員の中には「何をやってるんだ」と蔑んだ目で私を見る後輩もいたが、悔恨の中に我慢と恥辱の入り混じった私の胸の中は悔し涙に濡れていた。

数日後、野中駅長が帰国したので、経緯を報告するとともに「責任を取ります」と言うと、

「なぁんだ、そんなことかぁ、私がいたらそんなことさせなかったのになあ。まぁ今後は気をつけるんだな」と簡単に言われた。

駅長という存在の重さをつくづくと知った大ミスであった。

あの頭の中が真っ白になり、必死に「発令通知書」の交換に、一日中千葉県中を駆けずり回ったことは

何だったのか、と思ったが、人を異動させる紙一枚の重要性を嫌というほど知らされた。
それ以降は、こんな単純ミスはできなかった。

■地区指導センター時代 外部講師が成功した地区安全会議

平成六（一九九四）年二月、千葉駅副駅長から転勤となり、津田沼地区の地区指導センター所長を拝命した。

地区指導センターとは、字句そのままに駅の営業増進や車掌区、運転区、電車区などの事故防止、安全意識の向上のための社員の指導育成個所である。総務担当、営業担当、運転担当（安全担当）の係を置いて、現場を巡回しながら管轄の現場指導を行うところである。

しかし、私は車掌業務を行ったが、運転士はしたことがない。このため、運転分野は得意ではない。その運転部門に濱崎係長とS担当がついた。運転担当は駅や運転区、電車区等の安全担当を担っている。S担当はどうも銭形平次の『がらっ八』のように、典型的な先走りの社員であった。

事故が発生すると、この二人が真っ先に現場に駆け付ける。原因はヒューマンエラーもあれば機器的問題の場合もある。しかし、どちらが原因であっても事故は起こしてはならない。

指導センター社員は、その際には現場長である駅長や区長を補佐して、事故原因を究明したり事故防止対策を行う役柄である。しかし、S担当は事故が発生して我先にと一人で現場に駆け付けるのはいいが、原因もまだわからない中で、推測できる原因を見つけては、発生させた現場長や社員をここぞとばかりに叱りつける。反面、自分の出身個所やうるさい現場長のいるところでは、何も言わずにすごすごと小さくなっている。相手方が強く出られるところでは弱い。『弱きを挫き強きに弱い』。旧態依然とした典型的な国鉄職員であった。だから、失敗も多く、現場からの信用がない。

そうなると自ずから出番は濱崎係長である。その彼の尻ぬぐいと原因究明を一からやり直さなければならず、見ている私にも歯がゆい思いを幾度となくさせたが、それは濱崎係長の方が幾倍も歯がゆかったに違いない。

そんな中、地区内の安全担当者を集めて行う「地区安全研修会」が全地区で計画された。社員の意識高揚の場で各地区のセンター所長と安全担当の腕の見せ所である。ある地区は支社の部長を呼んで講義をしてもらうといい、ある地区では支社の何々課長を呼んで話を聞かせてもらうという。

しかし、私にはそんな芸当はできない。

そのとき、濱崎係長から、

「所長、部内講師じゃマンネリ化してしまいますよ。こんなときこそ部外の講師を探しましょうよ」

と話が出た。続いて、「そうは言っても、講師料なんて払えませんけどね」と念押しがきた。

こういうところもしっかりしている。

はて、部外講師ねぇ、と考えていると、更に、

「所長、誰か安全講話ができるような飲み友達でもいませんかねぇ」

ときた。自分が酒好きなだけに、直ぐにそんな話が出る。

すると、ある会の飲み仲間がふっと頭に浮かんだ。

私は先述した千葉の文学会『槇の会』の会員であり、この頃、東京消防庁航空隊（ヘリコプター）の飛

行隊長をしていた鈴木康之機長を思い出した。私より数年先輩だが、何かと声をかけてくれる飲み仲間である。うん、彼なら無料で引き受けてくれるはずである。そこで、鈴木隊長にお願いした。彼は絵画では毎年個展を開く腕前で、文も立ち出版もしている。きっとしゃべるのも得意だろうと思って声をかけると、二つ返事で引き受けてくれた。

鈴木機長から、自分は鉄道のことはわからないが、何を話せばいいのか、と聞かれたので、「安全」に関する話ならなんでもいいとお願いした。

すると、二、三カ月前に伊豆大島の三原山が噴火して、地質学者を乗せて噴火状況を見に行ったときの話はどうかと提案してくれたので、私は直ぐに同意してお任せした。

こうして鈴木機長を講師に迎えての「地区安全研修会」が開催された。

地区内から各職場の安全担当者二十数名が集まり、濱崎係長の司会で始まった。

鈴木機長の話が始まると、いつもは退屈そうに講話を聞いている社員たちは息を呑んだ。

江東区新木場の東京へリポートを飛び立った時から、地質学を専門とする学者たちの妙な興奮を感じて、機内は早くも異様な雰囲気になっていた。

三原山まではまさにひとっ飛び。直ぐにその上空に差しかかった。まずは遠くで旋回して噴火口を観察した。すると、機体の窓に顔を近づけた学者たちは「もっと近づいて噴火状況を見たい」と言い出した。

三原山の噴火口からは、小さい物でも大人の頭ほどの噴石がばんばん噴き上がっている。それ以上の大きな噴石もある。

そうした噴石を避けながら飛ぶ。すると、もっと近づけと学者たちがごねる。

依頼通り何度か近づこうと試みたが、この噴石の状況ではいまの高度が精いっぱいである。さらに何度

▲地区安全研修会の外部講師の招聘を提案された著者は『槇の会』の会員であり、東京消防庁のヘリコプターパイロットとして活躍していた鈴木康之氏に依頼した。写真は個展開催中の鈴木氏（左）。

か噴火口の旋回を繰り返した。旋回する度に、学者たちはもっと近く、もっと近く、と無理なことを言った。

彼らの言うがまま飛んでいたら、確実に噴石に当たってヘリコプターは落ちる。乗員乗客十四名全員死亡である。そう思った鈴木機長は、非難されるのを覚悟して引き上げることにした。このまま夢中になって近付き過ぎると事故を起こしかねない。

鈴木機長は這這の体で東京へリポートに引き上げてきた。

研究者も夢中になり過ぎると、自分の身の危険も忘れてしまうのかもしれない。

この手に汗握る講話は、いままで鉄道内の安全の話ばかりを聞いていた社員には余程新鮮だったらしい。「あれはいい安全研修会だった」といまでも絶賛される。

大いに蛇足だが、鈴木機長と濱崎係長はなぜか仲がいい。

実は、濱崎係長のお父様は畠山健治氏と言って、

▲地区指導センター濱崎係長のお父様、畠山健治氏は 20 年近くも操縦経験を持つ日本陸軍のパイロットで、宮様の教官を務めたこともあった。そんな濱崎係長と東京消防庁の鈴木機長が意気投合するのも無理からぬことといえた。写真は昭和 9 年、満州における畠山氏と九一式戦闘機。

昭和初期からの日本陸軍の飛行機乗りであった。兵隊として陸軍に入り、大尉にまで昇進し「飛行機の神様」とまで言われた人であった。飛行時間も特出して優秀であり、太平洋戦争を含めて、多くのパイロットを教育した。いまでも飛行時間は日本有数として残っているようである。戦闘機に「宮様」を乗せて飛行したこともあるという、歴史的名パイロットであった。

一方、鈴木氏はこの数年後、無事故で飛行時間九千百五十八時間を記録（ジェット旅客機のパイロットなどと異なり、ヘリコプターなど小型機でのこの飛行時間は有数のものである）して東京消防庁を退職し、パイロット養成の講師になった。

その数年後、鈴木氏本人が不慮の事故に見舞われて緊急搬送される際の「ドクターヘリ」の機長が、かつて氏が教習したパイロットであった。瀕死の鈴木氏を見たそのパイロットは「鈴木さん、恩返しに力いっぱい飛びます」と言って飛んでくれたという。その緊急搬送で一命を取りとめたという逸話もある。

そんな「空」に共通する間柄だったからか二人の仲は良く、その後も意気投合して何度か酒を飲んだ。二人はどんなに深酒をしても、翌日にはしらっとして出勤するその姿も、しっかりとよく似ていた。

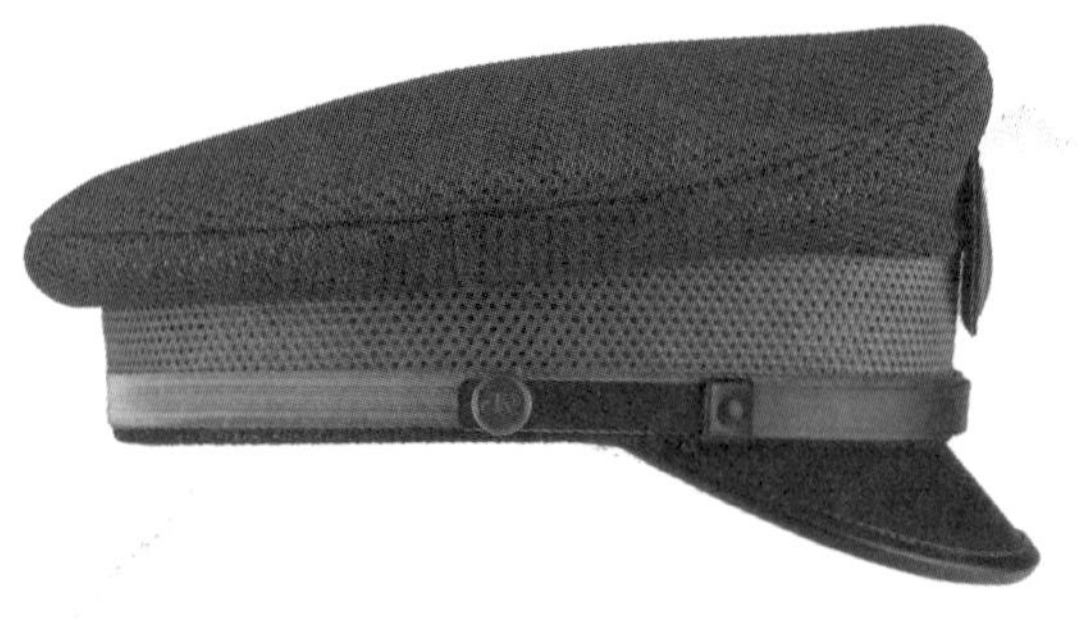

第五章　現場長もつらいよ　～駅長時代～

■両国駅長時代

（一）初めての駅長職

平成七（一九九五）年三月、両国駅長を拝命し、私は初めて駅長職に就いた。両国駅といえばご存じ大相撲が行われる両国国技館の最寄り駅である。だが、その頃の大相撲は人気がやや下り坂になってきてはいたが、それでも相撲協会は地元の駅長なんぞは相手にしてくれなかった。その一方で、下町の人情はまだまだ生きていて、こちらとしては大した協力もできないのに、駅前の両国二丁目、三丁目、緑町の町内会が中心となって駅を大切にしてくれていた。

両国駅長に着任して半月ほど経った頃であった。

町内会の懇親会が行われるから駅も参加してください、と町内会長から「お声」がかかった。

もちろん、駅としては地元の人たちと協力し合っていくことに何の問題もないから、相互協力をお願いする意味で参加することにした。

町内会の人々は老舗の店舗を経営している。だから、その閉店時間を考慮して、懇親会は午後七時からスタートと計画された。

当日になった。懇親会には私とベテランの小林助役が一緒に行くことになっていた。

ところが、もう間もなく午後七時になろうとしていたとき、小林助役から、「駅長、私直ぐに出られなくなりました。先に行っててくれませんか」と言われた。

「ああ、いいよ、場所は三丁目の町内会館だよね」

「そうです、行けば町内会の人が案内してくれます」

▲平成7年、著者は両国駅長を拝命し、初めて駅長職についた。写真は令和4年の両国駅の様子だが、基本的には勤務していた当時と変わっていない。正面の建物が旧駅舎で、モダンな造りはかつて房総への玄関口として隆盛を誇った名残りといったところ。総武緩行線のホームと線路が右に見える（現駅舎はこの下にある）。左側の道路のすぐ隣が両国国技館（撮影協力／パールホテル両国）

「わかった、先に行ってるよ」

私は初めてということもあり少し心細かったが、それでも時間に遅れてはならないと考えて先に行くことにした。

三丁目の町内会館に行くと、町内の女将さんたちが忙しなく働いている。今日の懇親会の接待の準備をしているのである。

「こんばんは、両国駅からまいりましたぁ」

私は、近くにいた小奇麗な中年の女将さんに声をかけた。すると、

「あら、駅員さん、もう来ちゃったの、ごめんなさいね、まだみんな来ないのよ」

と、持ってるおぼんを手にして、

「もうすぐみんな来るから、そこに座って待っててよ」と座敷に上がれという。

「ここは商店街でしょ、みんなお店を閉めたりしてくるから、時間きっかりに始まったことがないの、これが両国時間なのよねぇ……」

とちょっとすまなそうな顔をしているが、そ

れでも下町の女将さんのテキパキした爽やかさがあった。

座敷に行くと、ところどころに早く来た人たちが座っている。顔見知りの旦那衆は、

「○○さん、近ごろ景気はどうですか」

「いやあ、○△さんほどではないですよ」

「いやいやいやぁ、ご商売繁盛で結構ですなぁ」

と、互いに謙遜しながら話をしている。

私もその中へ挨拶に入ろうとしたが、ちょっと入れる雰囲気ではなかった。仕方がないので座敷に上がったところでもたもたしていると、先ほどの女将さんが来た。

「そうそう、あなたはここに座っててよ。ここに！」

と、末席の世話係の人たちの並びに座るように言われた。

私は「失礼します」と言って、そこにポツンと腰を下した。

しばらくして半分ほど席が埋まったころ、

「おい、誰があそこに座らせたんだぁ。ありぁ駅長だぞう」

と裏手から声が聞こえてきた。

「あたしじゃないわよ」

「わぁ、あたし、どうしょう、あんな若いとは思ってもいなかったもの、あたし、いつものおじさん駅長だと思ってたもの」

「あんた言ってきなさいよ」

「いやよ、いまさら、あたし、言いになんかいけないわよ」

「だってあんたが、あそこに座らせたんでしょ」

「だって、あんなに若いとは知らなかったんだもの、いままでみんな年配だったじゃないのよ」

にわかに裏手が騒がしくなった。それもひそひそ話をしているつもりのようだが、そこは下町っ子、声が大きい。

手伝いの人たちが座る席の並びへ私を座らせてしまったと言っているのが筒抜けである。

私の体格は痩せ型、相撲で言う「ソップ型」で、顔も童顔でいつも十歳近く若く見られる。

「しょうがねぇなあ、それじゃあ、町会長が来るまでとぼけておこうよ、でも、おいらは知らないことにしてね」

と無責任なことを言っている人もいる。

そこへ、町内会長と一緒に小林助役が入ってきた。

すると、かの女将さんは直ぐに小林助役に縋りつくように、

「助役さぁん、あそこにいるのが駅長さんだってぇ、私ただの駅員さんかと思って、下の席へ案内しちゃったのよぅ、ねぇ、なんとか謝って上座へ席を替えてもらってくださいな、ねぇ、お願い……」

すると、「だいじょうぶ、だいじょうぶ、うちの駅長にとってはいつものことだから」

と小林助役の声が聞こえた。そして、私の所に来ると、

「やぁ駅長、また間違えられちゃいましたぁ、席はあそこですってぇ」

と平然と言われた。

その後、町内会長が苦笑いをしながら、

「こりぁ失礼しました。あんまり駅長が若かったから、てっきり助役さんの方を駅長さんだと思ってたら

しいですなぁ、こりゃまた申し訳ない」というと、その言葉を小林助役が取って、

「会長、うちの駅長はいつものことですから大丈夫ですよ。この前も挨拶に来た人に駅員だと間違えられました。こんなことはしょっちゅうで、もう慣れっこですから大丈夫です」とこれまた当然のように言った。

そりぁ私には確かに品も格もないかもしれないが、そこまで言われるようじゃぁ、情けない……。

（二）駅長室の移転～地ビール工場の誕生～

両国駅の朝の通勤通学ラッシュは、東京方面へ向かう総武線快速電車から錦糸町駅で総武線各駅停車に乗り換える乗客で混雑する。両国駅そのもので乗降する人は多くはないが、千葉方面から上ってくる総武線各駅停車の電車は、秋葉原駅から山手線、御茶ノ水駅から中央線に乗り換える乗客でまさにぎゅうぎゅう詰めである。だから、両国駅で下りる人のために車両からいったん一緒に下りてくれたドア付近のお客さまの乗り残しがないようにしなければならない。

「私は降りる人のためにいったん降りてやったのよ、それなのに乗れないってどういうことなのっ」

その頃の総武線の乗車率は二百三十パーセントあり、降りたはいいが乗れなくなるような状況であった。

そんな朝のラッシュ対応や引継ぎ点呼を終えると、駅長室での私の仕事が始まる。

その昔、両国駅には運輸長室が設けられ、総武本線、成田線、房総東線（今の外房線）、房総西線（同、内房線）など千葉方面の鉄道管理を総括する、房総の玄関口となっていた。その名残で駅長室は馬鹿でかく、駅事務室はホーム下にあるのに、駅長室だけは駅前広場の脇にある二階建ての大きな建物の中に入っていた。駅事務室から離れているからこれ幸いと助役も駅社員もあまり寄り付かない。

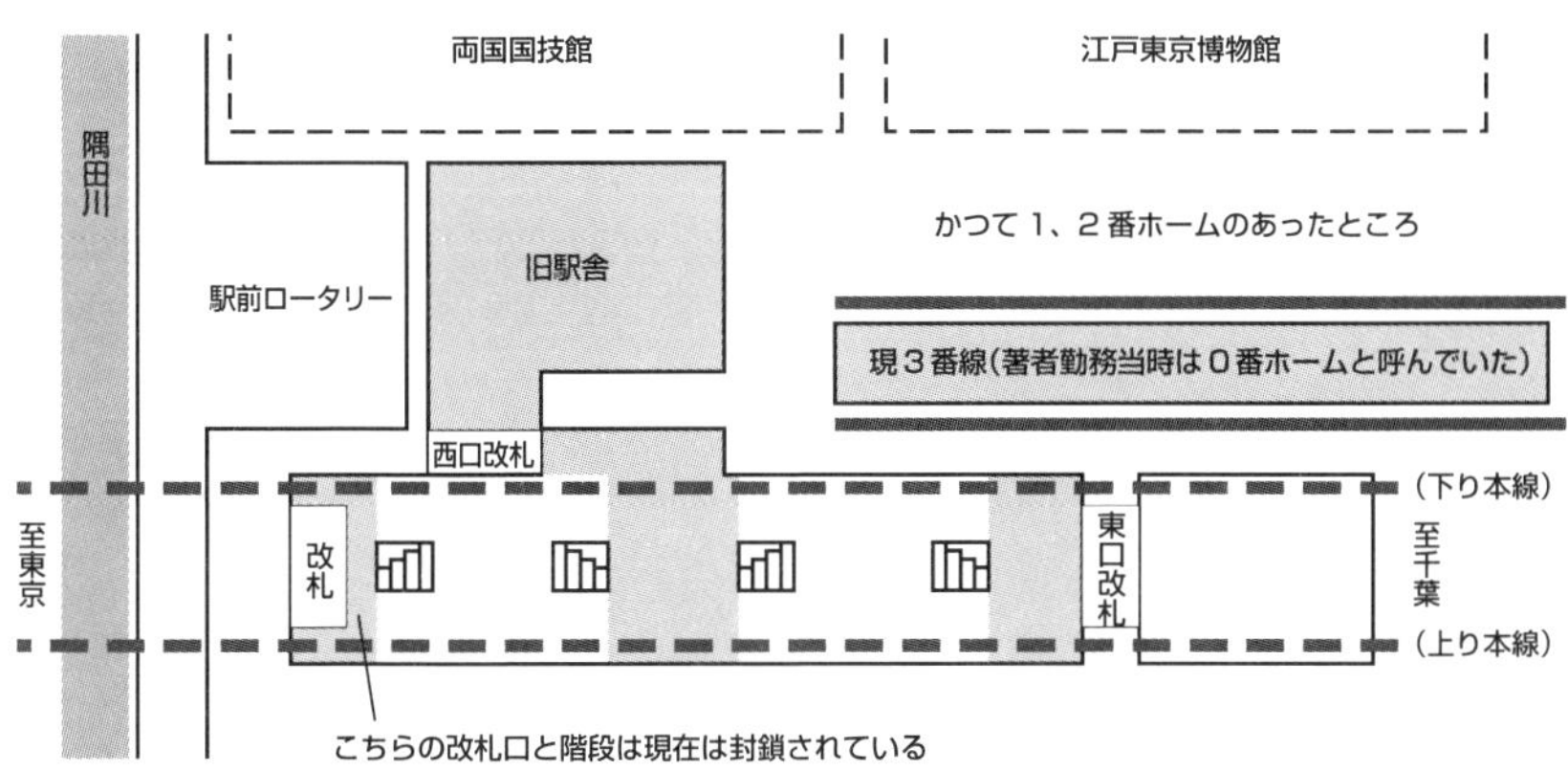

▲平成～現在の両国駅は総武緩行線が停車するだけの駅だが、昭和の中頃までは千葉方面へ向かう玄関口として隆盛を誇っていた（現在は臨時列車の発着に使用されている3番線ホームの北側にはに旅客用のプラットホームがもうひとつあり、さらにその北側の両国国技館や江戸東京博物館がある場所は巨大な貨物駅であった)。支社ではこの旧駅舎の営業転用を考えていたようであった。

ある朝、駅長室で一人ぽつんと仕事をしていると、

「吉野さん、どうだい、両国駅は？」

と言いながら鈴木支社長が入ってきた。この支社長は突然に現場に現れ、社員の生の声を聞いてくれる。その頃では珍しい庶民派ともいえる、人気のある支社長であった。

「いゃあ、支社長、こんな広い駅長室で一人っきりです。なんとかしてください」

「そうかぁ、いままで何度もここに発令された駅長に聞いたんだが、みんな居心地がいいって言ってたぞ」

「いいや、ここでは社員がどうなっているかもわかりませんし、毎日一人勤務のようで寂しくってしょうがないです。どうにかなりませんか」

と言った。すると、

「ほいきた。その声が聞ける駅長を待ってたんだ。本当にこの駅長室はいらないんだね？」

「はい、こんな昔の遺物はいりません」

「よく言った。それじゃあ、駅長室を〝開発〟するよ」

▲旧駅舎の広大な駅長室は、著者の意見を聞いた鈴木支社長の肝煎りで商業施設に転用されて「ビアステーション両国として生まれ変わり、当時メジャーとなりつつあった地ビールの飲める場所として賑わうこととなった。写真は幾度かの改装を経て、「江戸 NOREN」となった現在の様子。

というと、支社長は支社に飛んで帰って行った

その後しばらくして、両国駅の駅長室は大々的に変わった。二階建ての駅長室はビール工場（ちょうどこの頃、酒税法の改正があり、比較的どこでも地ビールを作ることができるようになった）を持った飲食店に変わり、外壁と駐車場だけがかすかに駅舎の面影を残すだけになった。

その竣工式の前日、支社上司のおごりで、両国駅周辺でしたたか酒をごちそうになり、竣工式には二日酔いのどうにもならない体たらくで出席した。あれほど酒を飲んだのは今までにない。多分、開発会社のお歴々は、とんでもない酒飲み駅長とでも思ったに違いない。

こうした一方で、私が着任して直ぐに、両国駅が困った状況になっていることが判

明した。

　駅と警察との関係が極めて良くなかったのである。駅で痴漢を捕まえた、と駅前交番に連絡してもすぐに来てもらえないのだ。両国橋の袂に交番があり、本署もそう遠くなく、歩いても十分とかからない距離であるのに……。

「おい、駅前交番はお願いしたのか」

「はい、連絡しました。でも、警察官は直ぐ来てくれないですよ」

「どうして、どうしてなんだ」

「はぁ、うちの駅は犯人追跡中の警察官であっても改札口で止めて、みすみす犯人を取り逃がしてしまうようなことがあったりしたので、駅には非協力的なんです」

「なんでそんなことになったの」

「以前の駅長が『改札社員は職務をしっかりやれ、警察官の職務であってもこっちには関係ないから絶対にダメ』と指示して通さなかったんです」

　うーん、それではどっちが非協力的なのだかわからない。

「駅長、なんとかしてください。事故があったとき、我々だけじゃ対処しきれないこともあります。警察と関係改善してくれるようにお願いします」

　社員からそう求められていた矢先のことであった。

　ある朝、午前七時頃から駅の男子トイレの一か所が誰かに占用されていて開かないという苦情が改札の社員に入った。

　それからしばらく経って、清掃業者のおばさんが掃除しようとしたが、これまた使用中のままでトイレが開かないという。

「駅長、何とかしてください。トイレに入って、もう二時間も出てこないお客さんがいます。居ることは確かなんですが、何度呼んでも返答がないんです」と泣きついてきた。

これではこちらも糞詰まり状態である。

「それじゃあ、やはり、警察にお願いするしかないねぇ」

時計を見ると九時、もう二時間も雪隠詰めだ。普通の人間だと我慢し切れない時間である。私は本署に駆け込んだ。そして、今までの謝罪と今後の相互の協力をお願いした。

すると、刑事課、警備課など十人余りの警察官を手配してくれた。

しかし、トイレ占用者は、頑として出てこない。どうやらトイレのなかで薬物をやっていて、自分がどこにいるかもわからない状態になっていることが判明した。その後も警察官が二時間ほど説得したが出てこない。その頃には両国駅のトイレ前には、その後の騒ぎで駆けつけた消防署員も含めてさらに人数が増え、野次馬まで含めると四、五十人の群衆が押し寄せていた。

やがて、警察官も痺れを切らしてトイレに突入した。薬物をやっていた若者は、半裸の状態で検挙された。

これまでこんなに警察官が駅のために親身になってくれたことはなかった、とこの時ばかりは駅社員に感謝された。

その後、駅と警察との関係は良好になっていった。

▲本文には出てこないが、著者が在職中の両国駅では、旧駅舎と０番ホームを利用した「朝市夕市」という物販イベントも開催された。写真は旧駅舎の改札付近でイベント開始のテープカットを行なっているところ。中央の制服姿の著者の右隣、ハッピ姿が鈴木支社長。

（三）相撲協会とオレカ

両国駅のすぐ隣は国技館である。平成前半の頃の大相撲は人気も薄れかけている時期であった。貴乃花、魁皇など人気力士を擁してはいたが、バブルが崩壊したということもあり、場所中に「満員御礼」の垂れ幕が下がるのは、初日か千秋楽のときだけとなっていた。

それでも根強いファンへの人気はある程度あり、ＪＲもその人気に乗じて、力士をデザインしたオレンジカード（通称オレカ＝自動券売機で切符を買うことができた。鉄道系プリペイドカードのはしり）の販売で営業成績を上げていた。『大相撲オレカ』の作成窓口は両国駅が担当していた。作成そのものは支社営業部が行うが、その窓口、相撲風に言えば、『露払い』は駅である。そのため、両国駅は毎月の大型時刻表などを国技館に届けるなど、日ごろの渉外活動を行なっていた。

しかし、なんといっても相撲協会が大切にしているのは「谷町（たにまち）」である。こちらが駅長の肩書を携えて渉外活動や相談に行っても、協会の誰もが相手にしてくれなかった。

まず、国技館の横手を通って、協会事務室のドアを開ける。

「ごめんくださぁい、両国駅長ですがご挨拶にまいりましたぁ」

と声をかける。

すると、事務室の中にたむろしていた数人の協会の人たち（元力士）は、こちらをちらっと見ただけで蜘蛛の子を散らすように事務室からいなくなる。誰も対応したくないのである。逃げ遅れた間の悪い人も仕事を思い出したようにしてひとり、ふたりと奥に引っ込んで行ってしまう。

仕方ないので、もう一度、

「ごめんくだぁさい、両国駅ですがぁ、ご挨拶にうかがいましたぁ」

と、また声を上げる。

「ちょっと待ってて、○○さんを呼ぶから」と更に逃げ遅れた協会員（元力士）が仕方なさそうに、奥に入って行ってくれる。やがて、

「あらあら、お待たせしてしまってすいませんねぇ」といつもの事務の中年女性がお出ましである。

「親方衆は忙しくって、手が放せないのよ、すいませんねぇ」と言葉ではすまなそうだが、その実、（あんたなんかが理事長に会おうなんて無理無理、理事長さんは忙しいの）と喉まで出かかっているのを飲み込むような対応（まぁ、個人の感想ですが）であった。

だから、駅長として着任しても理事長など協会のオエラ方とは会ったこともないし、話をしたこともなかった。

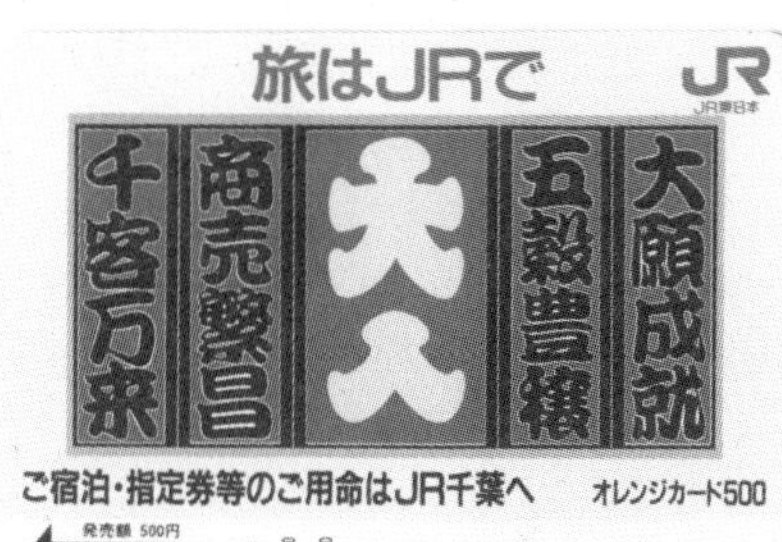

◀平成の初期、JR東日本はオレンジカードというプリペイドカードを販売して営業の一助としていた（自動券売機に挿入して切符を買った）。左上は千葉支社のお座敷電車なのはな、左下は宣伝文句を図案化した一例。
▲本文には登場しないが、平成の中盤にはイオカードが登場。これは現在のスイカのように直接自動改札機に挿入して使うもの（裏面に発駅と着駅、残高が記録された）。上のカードはちょうど駅長室を転用したビアステーション両国のオープンを告知するためのものだ。

町内会の人たちはそれをいつも問題視してくれていた。

あるとき、「大相撲七十周年記念行事」が国技館で行われた。

駅も町内会の人たちとともに「御呼ばれ」して出席した。記念行事が国技館で行われた後、私たちは関取衆を交えた懇親会に出席することになった。が、その会場は狭く、どこに誰がいるかわからないほど詰め込まれ、大きな力士や親方衆さえどこにいるかわからなくごった返していた。

そんな中、町内会長が「駅長、関取衆と写真を撮りましょう」と声をかけてくれた。

私はその頃、ひいきのお相撲さんといえば、魁皇関くらいしかいなかったのだが、ちょうど私の近くを魁皇関が通りかかった。

そこで町内会長が、

「大関、写真一枚いいですか」と聞くと、

「ああ、いいですよ」とにこにこしてすぐに撮らせてくれた。町内会の役員がパシャッとシャッターを切った。

すると、どこからか「ご祝儀に一万円貰いなさい」と声がかかった。親方衆の誰かが上げた声であった。

「なにぃっ」

その声を聞いた町内会長が真っ赤になって、

「写真一枚で一万円だとぅ、今日は祝賀式に呼んでおいて、まだ祝儀を取る積りかぁっ」と怒り出すと、堰を切ったように、

「そんなことだから相撲の人気がなくなるんだよっ、もっと謙虚にならないかっ」

と次々と町内会の人たちが怒り出し、その場の雰囲気が一瞬険悪になった。が、直ぐになんとかその場は治まった。

しかし、なんとも治まらないのが江戸っ子の町内会長である。これから宴もたけなわというときに「おい、みんな帰ろ帰ろ、こんなところにいられるかってんだぁ」と憤然として中座してしまった。

共に帰ってきた女将さんたちは、

「ねぇ、あたし、○○関と写真撮りたかったわぁ、それなのに会長のおたんこ茄子が空威張りするから……」

「ふんと（ほんと）に、どっちもどっちもよねぇ」

とこちらも憤然としていた。

その後、相撲人気はしばらく下火になっていたが、やがて息を吹き返し、現在では更に相撲界は雲の上の存在になっている。

■新小岩駅長時代

（一）事故時の構内放送

両国駅長から支社サービス担当課長として千葉支社に戻った私は、平成九（一九九七）年十月、その席が温まる間もなく新小岩駅長を命じられた。

総武線は快速と各駅停車の二線がある。千葉県下から東京方面へ通勤通学するサラリーマンや学生はまず快速線に乗る。そうした乗客は錦糸町駅で快速線から各駅停車に乗り換えるから、新小岩駅は快速線の乗車のピークになる。そのため、ラッシュ対策は駅社員だけでなく多くの大学生のアルバイトを雇って行なった。

ぎゅうぎゅう詰めに混雑した車内に更に乗客を乗せるのであるから、その押し込み方も半端ではない。「尻押し部隊」は混雑する車両に二名ずつ付けて十数名で行う。その部隊全員はそれぞれコツを掴んで押し込んでいく。

ある日のこと、朝の通勤ラッシュの真っただ中に、両国橋鉄橋に人が上っている、という情報で総武線は快速、各駅停車共に全線が運転中止になった。各駅の構内は大混乱に陥った。

旅客一斉情報では『ただいま、両国、浅草橋駅間の両国橋鉄橋に人が上っており、救護に向かっております』という旅客情報が流れた。

駅ではその情報に基づいて同じ放送が繰り返された。こういった事故情報は、支社の旅客指令からの『旅客一斉放送』が伝えてくるものを、そのまま駅の構内放送として繰り返すのが常である。

私は事故の詳しい情報を得るため駅事務室に向かおうとして快速ホームを降りて地下通路に出た。する

JR新小岩駅構内図

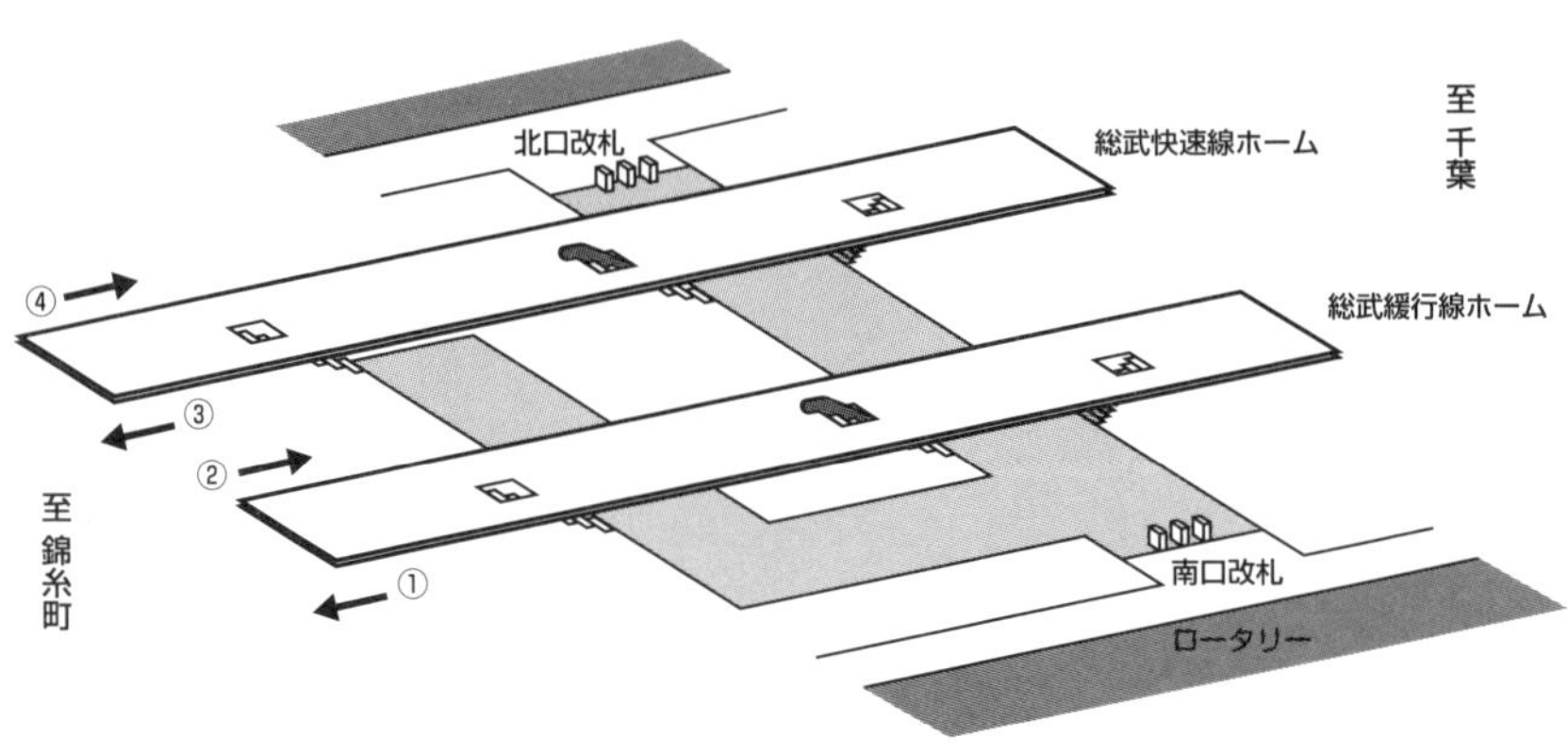

▲ JR 新小岩駅は総武快速線、緩行線の両方が発着するため島型プラットホームが2つあり、乗り換えがしやすいように東京方にも通路が設けられている。ある日、事故の情報を得るためホームからこの通路に降りた著者は、ここで乗客の皆さんに取り囲まれてしまった。

と、

「おい、どうなっているんだ。鉄橋に人が上っていて、なぜ電車が止まるんだっ」

「何があったんだ。鉄橋に人が上るってことはどういうことなんだ」

と数人の乗客に呼び止められた。

事故による運転中止ならわかるが、鉄橋に人が上っていて電車が止まるとはどういうことなのか、私が理解できないのだから、乗客たちに理解できないのは当然である。

私を取り巻いていた数人の乗客はたちまち十人となり、やがて二十人、三十人に囲まれてしまった。

「いつ動くんですか、その人は誰か降ろしているんですか」

「振替輸送はやるんですか、バスの停留所は近くですか」

「下り電車は動くんでしょ」

「快速電車はどうなっているの」

口々に聞いてくるが、私も状況がわからない。だから、駅事務室に行こうとしているのだ。

「すいません、今現地の情報を取っていますので、もう少しお待ちください」

「早くしろっ、何をやってるんだっ」

と今度は怒鳴り出す。囲まれたままの私に、早くしろ、と言われても、この状態ではどうにもならない。

その時、

『お客様にご案内いたします。ただいま両国、浅草橋駅間の両国橋鉄橋に人が上っており、その救護のため電車の運転を中止しております。今しばらくおまちください』

と駅構内放送が入った。

すると、取り囲んでいた中の一人の紳士が「なにぃ、救護だとう、いま携帯電話で調べたら、自分で上ったって言うじゃないか、自分で上って電車を止めている奴を、『救護』とは何事だっ」

と怒り出した。

確かにそうだ。このようなときの現場の状況は、現地の警察からの情報の方が鉄道情報よりも確かで詳細である。

「申し訳ありません、確認するために駅事務室に行かせてください。この通路にいたのでは状況がわかりませんので、駅事務室に行かせてください」

とお願いした。すると、

「何いってやがる、駅長、ここを逃げようとするのか、ここだって情報くらい取れるだろう」

「そうだ、ここを逃げようたって、そうはいくかっ」

と放してくれない。すると、先ほどの紳士が、

「そりぁそうだ、ここじゃあ情報が取れないなぁ。だが、私が事務室まで付いていくぞ」

と言ってその場は開放されたが、その紳士は『つけ馬』になって私の後からついて来る。

そして、改札口まで戻った時、また『両国橋鉄橋に上っている旅客を救護しています……』と構内放送が繰り返された。

すると、またその紳士が、

「だぁかぁらぁ、『救護』というんじゃない、列車の妨害のために鉄橋に上っているそうじゃないか、そんな奴は『救護』じゃないっ、何度言ったらわかるんだっ」

と怒り出した。

私は急いで改札の構内放送担当者のところへ行き、

「救護はだめ、救護は……」

というと、放送担当者は、

「じゃあ、なんといえばいいんですか、旅客一斉情報は救護と言ってますよ」

「だが、救護はだめ、ええと、そうだな、引きずり降ろしもだめだし、奮捕まえるはなおだめだし……。

仕方がない、警察官が対応しております、しばらくお待ちください、かな」

「いま、テレビでも生中継しているそうです。じゃあ、そういいます」

と放送担当。

そのとき、「快速電車の運転を再開します」という情報が入った。

かの紳士はその放送を聞いて、「まあ、しょうがないか、駅長、帰りにまた寄るから待ってろよ」

というと私に名刺を渡して、漸く来た上り快速電車で出勤していった。

お昼過ぎ、漸く落ち着きを取り戻した総武線ダイヤを見て、かの名刺を置いていかれた紳士にお詫びの電話を入れた。

すると、

「やあやあ、わかりました、情報がない中とはいえ、列車妨害の輩に『救護』という言葉を使うのはどうにも聞き入れられなかったんですよ、今後気をつけて下さい」

と言って了解してくれた。

このときから、構内放送も『旅客一斉放送』をただ単に繰り返すだけでなく、状況に見合った言葉にしなければならないと心掛けた。

(二) 人事異動

鉄道社員には人事異動がつきものであることは何度も書いたが、異動の際には、当然であるがそれぞれの引継ぎが行われる。

一般社員の引継ぎは自身の担当業務の引継ぎだけで済むが、駅長の場合は社員一人一人の能力、勤務態度、将来性、転勤希望等の社員管理から始まり、設備の状況、構内範囲等と地域との交流を含めて、人、モノ、カネの全般、多岐に亘る。まして、駅長同士の引継ぎになると新任地の引継ぎと元職場の引継ぎがあるから、二、三日かかる場合がある。また、新しい駅長は前任者と違った目で業務管理を行い、常に駅業務の刷新を図るため、二、三年で異動が行われる。この間、その駅で行われてきた業務管理の「是々非々」を行うのである。

駅社員の異動で悩むのが、一般社員の異動である。出札社員は乗車券を確実に速やか丁寧に販売し、改札社員は適切にお客さまを案内する。駅全体の機能の低下だけは避けなければならない。そのため、各職場には主幹となる社員を常に置いておかなければならない。

新小岩駅長になって半年ほど経った頃、人事課の担当から「出札の○○さんを異動させたいのですが、よろしいですか」と話が来た。

私は「ダメダメ、彼がいなくなったら、出札は回らなくなってしまう。彼がいるから職場がまとまっているんだ。いま、彼を転勤なんかさせないよ」と即答した。

「そうですか、では、誰かそのくらいの能力のある代わりの人は出せませんか」ときた。

「だめだめ、やっと駅の雰囲気が落ち着いてきたところだから、いま、うちの駅から転勤させられる社員はいないよ」

そういって、人事課の担当者からの電話をそっけなく切った。

駅の業務管理は、駅長だけがしっかりしていればいいというものではない。駅は、助役の日々の業務指示から、主任クラスの職場の業務、整理、そして、社員の業務遂行で回っている。

その中心には、必ずリーダー的存在の社員がいて、それぞれの社員への指示を明確に行ってくれるのである。だから、良い職場には必ず良いリーダーがいる。しかし、そういう社員は、昇進試験にも合格しているので、人事課からは昇進や他の職場のまとめ役にさせようと、異動の要請がくる。

先程の電話を切ってしばらくすると、

「駅長、なんとか、○○さんを出せませんかねぇ」

と今度は、人事課の係長から電話が来た。

●社員やその家族向けに刊行されている冊子『JR千葉ファミリー』の「以心伝心」コーナーに掲載された記事。管理職になってからは小説は書かなかったが、たまに依頼されてこうした文章を書くこともあった。

それを言っちゃあ、おしめえよ

新小岩駅長　吉野孝治さん
（前サービス課長）

「おいちゃん、それを言っちゃあおしめえよ」は、フーテンの寅さんが「とらや」を飛び出すときの台詞ですが、寅さんは叔父の言葉がいたたまれなくなって「とらや」を飛び出したにちがいありません。

サービスも同じです。お客さまに言ってはならないことを言い、とってはならない態度をとってはいないでしょうか。

私たちはサービスのプロです。お客さまに誠意を込めて応対することが第一です。そしてお客さまがどのようなことを求めているかを瞬時に読むこともプロの義務です。

しかし、もう一つの面で考えてみますと、

「君子危きに近寄らず」という諺がありますが、剣の達人は「辻切り」に絶対会わなかったといいます。それは、剣の達人は歩いていて「向こうの辻に辻切り」がいるな、と思うと、その辻を通らず遠回りをして帰ったからです。しかし、凡人は「辻切り」がいるのを知らず、そのまま進んで「辻切り」に切られてしまう。

塚原朴伝は、宮本武蔵の「不意打ち」にも囲炉裏に掛けた「鍋の蓋」でかわしました。この頃「KYT（危険予知トレーニング）」という言葉はなかったはずだから、普段の剣の修行で「殺気」を感じて、「危険を察知した」に違いありません。

相手から逃げるということではありません。時には「かわす」ということも必要です。

お客さまに言ってはならない言葉やとってはいけない態度があります。

お客さまが言ってます。「おいちゃん、それを言っちゃあおしめえよ」

「ダメダメ、何度言ったらわかるんだ。彼を出してしまったら、うちの駅はまとまらなくなっちゃうから、絶対ダメっ」と言って電話を切った。

すると、多分、係長から泣き付かれたのか、今度は補佐が電話をかけてきた。

「駅長、どうですか、彼を出してもらえませんかねぇ」

「だめだよ、何度もだめだと断ってるじゃないか。他の駅を当たってもらえないかな」

「それでもいいんだけど、彼は次の駅で主任になる準備をさせたいんですよ。彼の将来を考えてやってくれませんかねぇ」

「………」

「駅長、『人は育てる』ものですよねぇ。彼がいなくなっても、必ず代わりに伸びてくる社員が出てきますよ。それを育てるのが駅長じゃないですかぁ」

「う………」

「彼がいなくなっても、必ず次の良い社員が出てきますよ」

「竹の子じゃあるまいし、そんなに直ぐには出てこないよ」

「わかりませんよ、チンアナゴのように、出番が来るのを密かに覗いて待っている社員がいるはずですよ」

「うちの駅は水族館じゃねえ」

こんなやりとりがあったのだが、結局私はその異動を了承した。

自分の駅だけが良ければいい、という訳にはいかない。人事課にいたときから、管内全体のことを考えて人事の異動が行われていることは、百も承知であったはずである。『人は育てる』。確かに、他の駅でも、その職場のリーダー的存在の社員が転勤していくと、代わりの社員が育って次のリーダーとなり、職場を仕切って行く。

この時も確かに、その職場の中から優秀な社員が顔を出してきた。

それからは、人事異動の話は率先して了承していった。

転出があれば、転入もある。あるとき、人事課長から電話が入った。

「駅長、今年度初めてうちの支社に数人の女性社員を採用しましたが、そのうちの一人をそちらでお願いします。この育成如何では今後の女性社員の採用が再検討されることになりますから、大切にお願いします。特に、男性社員からのセクハラだけは気をつけて下さいね」

と念を押された。いままでの駅は男所帯で、民営化されたとはいえ武骨な奴もいれば不精な奴もいる。そんな中へ若い女性が配属になる。私だって子供二人は男ばかりだし、若い女性をどう対応していいのかもわからなかった。

直ぐに、更衣室、休憩室、トイレ等の設備の改修が行われると、男性社員からは「たった一人の女性社員を優遇し過ぎじゃないですか」と声が出るほどであった。

そんな中、若い女子社員が配属されてきた。

その日、彼女とともに点呼に出た社員は、私の今日の注意事項など聞く耳も持たず、目の中に『ハートマーク』を見せている社員もいた。彼女が入ったことで、駅の雰囲気は一変した。

いままで顔も洗わず出勤してきたような社員は小綺麗になり、ズボンの折り目も付けていなかった社員はアイロンをかけるようになり、ワイシャツを二、三日平気で着ていた輩は洗濯を始めた。彼らが生き生きとして、身綺麗になって行くのが手に取るように分かった。

「駅長、どうやって指導しますか」

指導担当になった０社員が困ったような顔をして聞いてきた。

これまで何度も転勤してきたが、指導者にはその都度、「『山本五十六』になれ」といってきた。私の指導の『座右の銘』はこの『名言』しかなかった。

転勤してきたときの社員は、職場にも不慣れであり、社員同士の気持ちもわからず不安な日々が続き、そんな中で業務を行うから、指導者にはこの『山本五十六の名言』を何度も言い聞かせて、社員指導にあたらせていた。

「いいかぁ、『やってみせ、言って聞かせて、させてみて、誉めてやらねば、人は動かじ』、これが『山本五十六』だ」

というと、

「それは、どういうことですか」

と聞いてきた。

「だぁかぁらぁ、『やってみせ』は、まず自分がこうするんだと言って、見本をやって見せるんだ。そして、

『言って聞かせて』は、良く説明してわからせる。それから『させてみて』は、実際に本人にやらせてみるんだ。なぁ、そうしていいかぁ、ここが大切だぁ、やらせてみたら、出来てもできなくても誉めてやるんだ。この誉めることが一番難しいんだがなぁ」

と言って聞かせた。

「ふぅぅん、それじゃ、『名言』そのまんまでいいんですね」

「……」

自分の人事異動はどこへ転勤しようが自分が覚悟を決めればいいのだが、社員の転入出が一番苦悩し、その指導に思いやられた。

そして、自分自身、誉めることがなかなかできないでいたが、まず言葉の初めに感謝を込めて「ありがとう」から始めるようにした。調子に乗って、失敗してしょげかえっている社員に「ありがとう、よくやったね」と言ってしまい、皮肉にとられてしまったときもあった。やはり、人を誉めるということは、なかなか難しいもんだ。

■新浦安駅長時代

(一) 現金事故発生

平成十二(二〇〇〇)年二月、新浦安駅長を拝命した。新浦安駅長は地区駅長でもあり、新浦安駅だけでなく、京葉線、武蔵野線の千葉支社管内の駅も管轄する役目も持っていた。……と、まぁ仰々しく書いたが、各駅には駅長がいるので、毎月二回、支社で行われる「地区駅長会議(支社長・各部長と六地区の

▲著者の３番目の現場長職は新浦安駅長であった。同職はディズニーランドや幕張メッセを擁する京葉線の地区駅長であり、ここでも経験したことのないトラブルに遭遇することとなった。

地区駅長が出席する）」で自分の受け持ち地区の情報を報告し、また会議の情報を地区内の十人ほどの駅長を集めた「地区会議」で伝達することや駅長たちの相談相手になる程度で務まった。ただ、ベイエリアと呼ばれるこの地区はイベント地区で、各駅では毎日のように何らかの催しが行われていた。

千葉みなと駅は夏には「千葉市民花火大会」が行われ、海浜幕張駅は「幕張メッセ」を擁し、文字通り催事の利用者出展者が毎日のように全国からやって来ては乗降する。南船橋駅は「ららぽーと」、舞浜駅は「東京ディズニーランド」（当時「東京ディズニーシー」はまだ建設中）の最寄り駅で、新木場駅は「東京ビックサイト」へ行くためのりんかい線の乗換駅となっている。そして、武蔵野線では、船橋法典駅に「中山競馬場」、新八柱駅には「八柱霊園」があり、他の線区とは違った賑わいを見せていた。

新浦安駅長に赴任した当日、朝の点呼で、
「おはようございます。新任の吉野です。皆さんの顔触れを見ますと、いままで私と仕事をした人は見当たりませんが、サービス課長をさせていただいたのはご存じでしょう。「駅是」にありますように、サービス向上は当然でありますが、もう一つ、現金事故はみなさんだけでなく、家族までも不幸にすることになります。現金を扱う職場ですから、どうか、現金事故だけは絶対起こさないようにしてください」

と、まず着任の挨拶をし、

「また皆さんにお願いしたいことがもう一つあります。もし、私の方針に不平不満等がある場合は、いつでも言ってきてほしい。方針に納得がいかない場合でも、職場を巻き込まず二、三年「タコつぼ」にでも入って、私が転勤するまで静かにしていてほしい。どうせ私も二、三年でいなくなるはずです。ですから、陰湿な態度で職場を乱し、同僚の業務を阻害する行為等は絶対にしないようお願いします」

と締めくくった。

点呼が終わり、解散になった。が、社員が職場に戻ろうとしない。

「どうしたんだ」と聞くと、

「駅長の納得がいかなかったら『タコつぼ』に入れ、と言われて、なにか身動きするな、といわれたようで、みんなどうしていいかわからなくなったようです」

と助役が言った。

挨拶も受け取りようで変わってくるもんだと、ため息をついた。

着任して一カ月ほど経った。これまで毎日、「現金事故防止のための不正防止チェック」と称し、駅長自ら払い戻し切符などの確認をしてきた。

月末になり、「月末報告書」を作成する段になった。前任の駅長から「改札の整理担当T主任は『月末報告書』の作成には休日でも出勤してきて整理してくれている」優秀な社員、と引継ぎがあった。そんなお墨付きをいただいていたくらいだから、何事も任せられる自慢の社員であったらしい。

いつも休日出勤までしてきたT社員が、今月の月末整理の日は年休を取って居ないので、他の改札主任が月末整理を行った。

すると、「駅長、払い戻しの月末整理が合いません」と青い顔をして報告に来た。改札の払い戻し切符の枚数と払い戻し金額が合わないという。

私は「報告なんか遅くなってもいいから、もう一度、最初からやってみてくれないか」と頼んだ。

すると彼は「はい、何度もやり直しましたが、どうしても合わないんです」と言った。

その後、私と助役、改札主任の三人で再度やり直した。が、やはり枚数と金額が合わない。

月末整理は、毎日の払い戻し枚数と払い戻し金額を総計すればいい、単純作業である。それが合わないのはどこかで操作されたためである。二十二時すぎまで必死にやったが、どうしても合わない。

「よし、今日はここまで、明日は支社監査室のプロに確認してもらおう。これ以上はこの報告関係書類は触らないこと」

そういって、翌日、支社監査室と経理部会計課のお出ましを願った。すると、毎月の月末報告が操作され、現金が抜かれていることが分かった。

原因が判明したため、T本人に事情を聞こうと自宅に電話すると、奥様が出て「主人はいつものように、お弁当を持って出勤して行きましたが、何か……」と最後は不安そうに言った。

まだ、支社の監査は続いているので、詳細を話さず電話を切った。

支社監査室、会計課の監査結果では、一年ほど前からT社員が出勤していた日に払い戻し金を抜き取っていて、月末に帳尻を合わせなければならず、そのため、毎月末に出勤してその操作をしていたことが分かった。

「現金事故発生」である。

だが、本人に確認しようとしても、その後、彼はどこに行っているのか出勤してこなかった。

千葉駅にいたとき、同じように現金事故を起こした社員がいた。その時は、その発覚を恐れて本人自身が精神障害者ですと申告をして長期休職をしているが、実は毎日日雇い労働者として働きに出ているという情報が入り、現状を調べるようにとの駅長からの指示で、早朝から対象社員の身辺をかぎまわった。ある日には仕事に出かける社員に気づかれて、大人の拳ほどの石を幾つも投げつけられ、命からがら逃げ帰ったこともあった。それからは無理な現状把握はしなくなった（その後、彼は解雇となった）。

Tの家にその後も電話すると、毎日日勤勤務と言って弁当を持って家を出ている、という。しかし、彼が、どこへ行っているかは依然としてわからなかった。本人に確認できないなかで、家族にこの実態を話すことができなかった。

しかし、一週間ほどしたある日、通勤途中のH助役がようやくTと接触することができ、そのまま支社監査室に連れて行って、現金抜き取りの事実を確認した。駅には頑として出勤してこなかった。

それから一カ月ほどして、懲戒解雇の処分が出た。「解雇予告通告」のため、私とH助役が自宅訪問をした。

午後八時過ぎ、Tが自宅に戻る頃を見計らって、こっそりと自宅訪問をした。

あらかじめ、奥様に「ご主人には内緒で、ご主人のご両親及び奥様のご両親も呼んでおいてほしい」とお願いしておいた。

自宅訪問すると、まだ三歳と四歳くらいの女の子二人が、いつになくお客様が多いため、喜んで部屋中を駆け回ってはしゃいでいる。奥様はこれから何があるのか予想しているのだろう、憔悴しきった顔をし

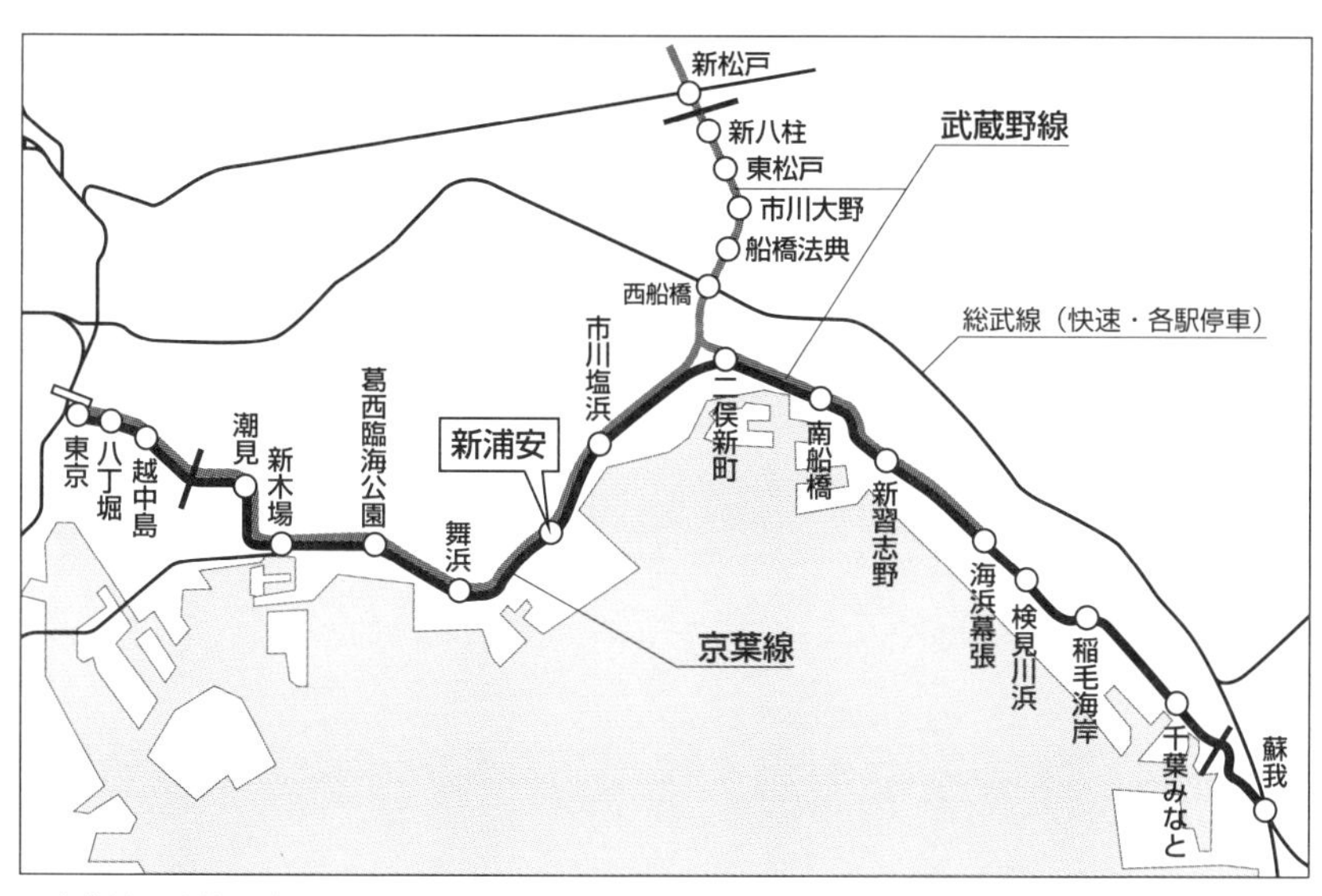

▲京葉線と武蔵野線は貨物線を転用した比較的新しい路線だ。新浦安駅長は、地区駅長として蘇我～千葉みなと、越中島～潮見、新松戸～新八柱間から内側を統括するのも仕事であった。

ている。Ｔのご両親は来ていないが、奥様のご両親は心配そうに娘を気遣って来ていた。

これを見て、厳罰の通告をしなければならない私の頭は混乱した。同じ子を持つ身の私には、幼子の無邪気さを切り捨て、父親に厳罰を与えることがあまりにも冷酷のようで心苦しかった。しかし、「通告」はしっかりと行わなければならない。

しばらくすると、子供たちは一時的に隣りの家に預けられたようであった。

そのとき、Ｔが帰宅した。我々の突然の訪問を見て、一瞬、ぎょっとした顔をした。が、そのあとは覚悟を決めたようであった。

Ｔを前にして、奥様とそのご両親を並べて、今までの「現金事故の顛末」を一部始終話した。

すると、奥様は号泣し、ご両親はＴを「いままでどれほど援助してきたか。どれほど娘を泣かしてきたか」と声を荒らげて詰め寄り、修羅場となった。

私たちにはどうすることもできず、じっとその場が落ち着くまで待った。

やがて、「解雇予告通告」を終え、一カ月後に「解雇」となることを伝えてTの自宅を出た。

弥生の月が煌々と天空にかかっていたが、私と助役はずうっと無言のまま帰路に就いた。

これまで、何度か、「現金事故」で社員を解雇してきたが、どの場合も優秀な社員ほど単独で作業を任せられるから、良からぬことをしてしまうのが常である。

ここでも「単独作業はさせてはならない」ことを痛感した。

（二）真夜中の苦情

新浦安駅長になって二年目、ここは新興住宅街の多い地域だが、地元の人たちともなんとか和やかにやっていた。駅の合理化の一環として導入された自動改札機も、当初はお客さまから不満の声があったが、導入して数年になると、どこの改札でもスムーズなご利用をしていただけるようになった。

ある土曜日の夜、明日イベントが開催される駅の応援に行こうと思っていた私は、九時半過ぎに自宅で床に入った。うつらうつらとしたとき、枕元の電話が鳴った。駅長になってから、枕元に電話の子機を置くようにしていたが、時計を見ると間もなく午後十時半を過ぎようとしていた。夜遅い電話に碌なものはない。だから、私は電話が大嫌いである。しかし、取らない訳にはいかない。私が電話に出ると、

「駅長、夜分申し訳ありません。お客さまの苦情で、駅長を呼べと言われております。警察の方も来ていただいておりますが、どうしても駅長を呼ぶように言われております」

「なにがあったんだ」と聞くと、

「ええ、それが……。お客さまが、いろいろと……」

と助役が口ごもった。苦情のお客さまが傍にいて内容を話せないのかもしれない。警察官もきてくれているという。これは唯事ではない。

「わかった。これから支度をして、直ぐに向かうから……」

そういって電話を切ると、直ぐに出勤の支度をした。

「何があったの？」寝入りばなの妻も不安そうに起きてきて言った。

このようなことは、駅長になってからは何度もあり、そう珍しいことではないが、状況がわからないのには困った。寝ぼけまなこで終電間際の上り電車に乗って新浦安駅に向かった。

駅事務室に入ると、老夫婦が椅子に腰かけており、少し離れて私服の警察官らしい人が立っていた。

「駅長の吉野です。大変ご迷惑をおかけしたようで、まことに申し訳ありません」

と、まず謝罪した。

すると、老齢のご主人が開口一番、

「おぉ、駅長か、よく来たな。よし、これから自動改札機を全部取り換えろっ」と突然に言われた。

「えっ、えぇ……、どうしたのでしょうか？」

私も突然のことで、なにがどうしたのか、よくわからない。

「あの自動改札機は欠陥品だ。私は自動改札機の開閉部分に当たって膝にケガをした。痛くてどうしようもないが、それよりも、あの自動改札機があるからこんなことになるんだ。あれを全部取っ払ぇっ」

「ど、ど、どういうことでしょうか？」

私は同じことを聞いた。すると、老人は、

「それじゃあ、見てみるがいい、ちょっと改札機の傍に来いっ」

といって私より早く歩いて改札口に向かい、私を自動改札機の三台目のところに連れて行った。

「いいか駅長、この三台目の自動改札機のこの開閉部分が七ミリ出ていた」

「な、なな、七ミリ、ミリ?」

私は思わず聞き返した。

自動改札機の開閉部分は「七ミリは出ていたかもしれませんが、七センチでは絶対ありません。私は全く存じません」というように素知らぬ顔で鎮座している。それをじっと見ていると、

「そうだ、これが七ミリも出ていたから、私はそこに足をぶつけてしまった。この自動改札機は欠陥品だから、全部取り換えろと言ってるんだっ」と言われた。

「えぇっ、七ミリですかぁ?」

「そうだっ。さっき助役さんと測ったから、絶対まちがいない」

一緒にいた私服警官も、困ったような顔をしている。そばにいる助役は困惑して顔色がない。

それから、駅事務室に戻ると、

「駅長、総務庁に直ぐに電話をしろっ、そして、直ぐに自動改札機を全廃するんだっ」

「えっ、そっ、総務庁ですか?」

「そうだ、これは総務庁で許可されたものだ。だから、電話して直ぐにやめさせるんだっ」

「そうおっしゃられても……」

私が電話をするのを戸惑っていると、老人は受話器を取って、夜遅くであるのにもかかわらず自分で総務庁に繋いだ。総務庁の電話番号を知っているあたり、このようなことの常連らしい。

「お前らがこんな欠陥品を許可したんだ、直ぐに撤回しろっ」

▲平成 14 年 12 月 7 日、アトレ（ショッピング街）側の新改札が完成した際の式典の様子。中央は当時の浦安市長松崎氏、左端が著者。この頃すでに自動改札機はかなり改良され、普及していたが……。

と苦情の電話を入れた。

さきほどから、奥様と警察官が同じように困った顔をしていた。

私が奥様の近くまで行くと、

「申し訳ありません。主人がいつもこうしてみなさまにご迷惑をおかけします。一旦落ち着くまでは私にもどうすることができないんです。申し訳ありません」

と言った。苦情の常連らしく、だから私服の警察官もそばにいてじっと状況を見てくれているらしい。

しばらくして、ご主人は落ち着いたらしく、老夫婦は何事もなかったかのようにして帰って行った。

駅内も落ち着いたとき、助役が傍に来ると、

「駅長、夜遅くすいませんでした。あの方たちが駅長を呼べと言ってからしばらくすると、急に帰ると言い出したんですが、いま駅長がこちらに向かっていますからといって、私が必死に止めて、待っていてもらいました」

と言った。なんと、帰る気になった老人をわざわざ引き止めていたとは⁉

「ありがとう、でも助役さん、苦情のお客さまが帰ると言ったのなら、わざわざ引き止めなくて帰ってもらっていいんだからね。でも、ありがとう」

と腸が煮え返る思いを隠して言った。

駅長になってからは、社員からの報告、連絡、相談のときは、まず「ありがとう」の言葉から始めるようにしているのだが、この時ばかりは、いささかとんちんかんな返事になってしまった。その顔も憤然としていたにちがいない。

しかし、生真面目な助役にはそれ以上強く言えなかった。

(三) 韋駄天社員

新浦安駅は京葉線と武蔵野線から東京方面に向かう快速線の分岐駅である。

東京へ向かう通勤通学者は武蔵野線からも多い。そして、朝の通勤電車は京葉線の十両編成の電車に対し、武蔵野線からの電車は六両編成と短いため、京葉線よりも武蔵野線の方が大幅に混雑する。だから、毎日のように新浦安駅を利用しているお客さまは武蔵野線から来る電車には乗らず、京葉線の上り電車を利用する。

電車が混雑すれば急病人や痴漢の発生も多い。

その日も、武蔵野線からの朝ラッシュの最後の電車がホームに到着した。

新小岩駅と違い、今日もホームでラッシュ対応するのはI君という若い社員と駅長の私のふたりだけである。

目の前のドアが開くと同時に、

「駅員さん、この人痴漢です」

と若い女性が一人の若い男を捕まえて飛び出してきた。一緒に若い会社員風の男性乗客も痴漢を捕まえて降りてくれた。

私は「うおぃ、Ｉ君、痴漢だぁ」と呼ぶと、

「はぁい、いま行きまぁす」と返事をして、Ｉ君が直ぐに駆けつけてきた。

痴漢対応は慣れているから阿吽の呼吸でできる。

「この人痴漢です」

若い女性が改めて声を上げ、もう一人の若い男性も脇から痴漢を捕まえている。Ｉ君が男性客から痴漢を引き継ぎ、

「それでは、女性の方もご一緒に、駅事務室までお願いします」

と言って同行をお願いする。痴漢だけを下ろしても「俺はやってない。誰が被害者だ。被害者を連れて来い」と開き直られたらどうしょうもない。だから、痴漢を捕まえたときは必ず被害者にも同行してもらう。

Ｉ君に右腕をがっしりと捕まえられた痴漢は、覚悟を決めたかのように、首を垂れながら駅事務室に連れられて行った。

私は、もう一本、京葉線の通勤対策の最後の電車を対応して駅事務室に下りて行った。

駅事務室に入ると、案の定、男は開き直って「私はしていない、手があたっただけ」と言っている。

少し離れて助役もいるが、Ｉ君に任せきっている。痴漢対応には手慣れていて、あとは警察官を呼んで

引き渡すのを待つばかりだからである。
　Ｉ君は駅前交番へ連絡しようと電話の受話器を取った。
そのとき、しょんぼりとしていた痴漢が急に立ちあがり、ぽんとＩ君を突き飛ばすと、「こいつっ」と
Ｉ君が叫ぶよりも早く駆け出し、ばぁんと駅事務室のドアを開けて改札口へと逃げ出て行った。
「あっ、あぁぁ……、」誰もが頓狂な声を上げた。痴漢は事務室を出ると、自動改札機をぴょんと飛び越えて、
駅前広場へと駆け出して行った。
　Ｉ君があわててそれを追いかける。
「危ないぞっ。無理するなっ」と怒鳴った。相手が刃物を持ってる可能性だってある。
「ふぇえぃっ」とこれまた頓狂な返事をしてＩ君が駆け出して行った。
しばらくすると、出勤してきた改札社員が「Ｉ君、どうしたんですかぁ」とおっとりとした声を上げて
駅事務室に入ってきた。
「いま、ホームで捕まえてきた痴漢が逃げ出したんで、追いかけて行ったんだ」
「ははぁん、それじゃあ、駅前で追いかけっこしてるのは、やっぱりＩ君ですかぁ」と改札社員が他人事
のように言った。
「朝っぱらから駅前広場をあっちへいったりこっちへいったり……。若い男二人が追いかけっこしてるっ
て、通勤の人たちが駅前広場を振り返りながら面白そうに言っていたのは、Ｉ君たちなんですかぁ」と今
度は出札社員が入ってきて言った。
　今日の出勤の社員がぞくぞくと駅事務室に入って来ては面白そうに言う。
しかし、それからしばらくしても、Ｉ君は戻ってこない。そろそろ朝の点呼の時間でもある。

▲朝の通勤時間帯に捕まえた痴漢事件の犯人が、駅事務所から逃走して駅前を逃げ回った際には、脚力に自信のある若手社員のＩ君が活躍した。写真はその舞台となった駅前広場とロータリーの様子

「あいつ、まだ痴漢を追いかけてるのかなぁ」と助役ののんびりとした声が聞こえた。

「もう、かれこれ十五分近くは経ってるだろう。まさか、そんなに追いかけてはいないだろうけどねぇ」

「そうですよねぇ」

と駅事務室に点呼を受けに集まった社員たちが声を上げ始めた。

そこへ、フラフラになった痴漢がＩ君に引きずられるようにして事務室へ入ってきた。

「ほらぁ、貴様ぁ、観念しろぅっ」

Ｉ君も僅かに息を弾ませながら怒鳴っている。

「どうしたんだ、捕まえたのか」

「へぇぃ、この俺から逃げようなんて、太ぇ野郎です」

岡っ引きのようなセリフを残して、駆け付けた警察官にそいつを引き渡した。

警察官に連れられて行くとき、痴漢は「足に自信がありましたから、誰も追いつけないだろうと思って逃げ出しました。もう、疲れました。もう逃げるようなことはいたしません」と情けなさそうに言った後、泣き出した。

「おい、I君、おまえ陸上でもやってたのか」と助役が聞いた。

「へい、中長距離をやってました。あいつが逃げ出しましたが、少し追いかけてみて、こいつは短距離では無理だと思いましたから、じっくり追い詰めようと持久戦に持ち込みました。あいつが疲れるのを待ってから、とっ捕まえてやりました」

と平然と言ってのけた。

I君は、努力家であった。また、I君本人が言う不幸な生い立ちがあった。父子家庭であったらしく、兄が二人いたが、父親や兄二人にいじめられたらしい。父親には「働かないやつは飯を食うな」と、時には食事を与えられない日があったという。親子三人が温かい食事をするのに、自分はその席に着けずに残り物ばかりを食わされたという。

だから、彼は就職すると直ぐに家を出て独身寮に入ったのだとも……。

彼の大好物は「鶏の骨付き唐揚げ」である。時に食事に誘うと、決まって「唐揚げ定食」を頼んだ。そして、唐揚げの骨までぼりぼりとむさぼり食う。

「I君、鶏の骨は尖った裂け方をするから食べない方がいいんだぞ」というと、

「大丈夫です。僕は食べ物はなんでも残さず食べます。大好きな唐揚げは昔から猫のように骨まで食べていました。食べるものは大切に、なんでも皿をなめ回すように食べていました。だから、僕は骨が強いんです」

と屈託なく笑って見せる。親兄弟からいじめを受けていても、素直で素晴らしい根性を持った青年になっていた。こんな若者を私は見たことがない。常にさわやかな笑顔で誰にも接し社員間の評判もとてもよかっ

た。

懇親会の時などには私の傍に来て、涙をいっぱい溜めていつもこういった。

「僕はこの会社に入って漸く人生の楽しさがわかるようになりました。独身寮は私にとって天国です。毎日、あんなに、あんなにぐっすりと寝られるようになるとは思いませんでした。生きていてよかったです。僕の人生は明るくなりました。これからは鉄道社員として一生懸命頑張ります」

その彼は、一年後、昇進試験に合格して転勤していった。いまでも忘れられないすばらしい青年である。

Ｉ君に幸あれ！

（四）サリン事件の余波

地下鉄サリン事件（一九九五年）があってから数年も経ったある朝、通勤ラッシュがもうすぐ終わろうとしたときであった。京葉線全線に「抑止」がかかった。電車の運転中止である。

地下鉄サリン事件とは、都内の営団地下鉄の車内でオウム真理教が神経ガス「サリン」を撒いて、死者十三名、負傷者約六千三百名を出した大事件である。

旅客一斉情報で『新木場駅付近の京葉線車内においてサリンが撒かれたようだ』という情報が入った。

通勤通学対策でホームにいた私が急いで駅事務室に戻ると、テレビでも新木場駅に到着した電車内でサリンが撒かれたようだというニュースが流れていた。だが、その後の駅の情報が全くなくなった。新木場駅長が警察署に情報提供のため連れて行かれて、駅内の情報が全く入らなくなってしまった、という。

当該電車は直ぐに全乗客を降ろして電留線に回送された。被害を多く出さないためだろう。

しばらくすると、支社対策本部から「新木場駅長が不在のため、新浦安駅長に『現地対策本部長を命ずる』と命令が出た。

いままで「台風等の災害対策本部」はやったことがあったものの、大犯罪事件の『現地対策本部長』などはこの方経験がない。ましてや、「サリン事件」かもしれない、という。

現地の状況がわからないまま、動き始めた電車に乗って三つ隣りの新木場駅に向かった。

新木場駅に着いてみると、上空にはヘリコプターが何機も轟音を立てて飛び回っており、駅長室付近は警察官、消防署員、駅社員でごった返していた。それでも、該当した電車を電留線に入れたため、電車の運転は再開しているから、乗降客には迷惑をかけないで済んでいる。

折りよく地区指導センターの瀧口所長代理を見つけ、現状の情報提供を求めた。

新浦安地区の指導センター所長は地区駅長が兼務し、地区駅長の指示を受けて所長代理が実質的な業務管理を行っていた。

「瀧口代理、いま、何がどうなっているの？　駅長はいまどこにいるの？」と聞いた。

「私も先程着いたばかりでよくわかりません。新木場駅長はずっと前に警察に行ったまま帰ってきていません」という。

「事情を細かく知っている社員はいないのかい」

「ええ、駅長が警察に行ってしまって、残された社員も何がなんだかわからないそうです」

「仕方がない。少しずつ情報を集めよう。当直助役がいるだろう」

「いま改札口でお客さま対応をしています」

「それじゃあ、彼と交代してくれ、これまでの話を聞いてみよう」

こうして、わからないながら現在の状況を添えていくつかの情報を支社に報告した。

やがて、一時間ほどすると、警察から『この白い粉はサリンではなく、小麦粉のような白い粉である』という連絡が入った。

それから詳しい情報が入るようになった。当初は警察も消防も「サリン」と聞いて浮足立ってしまったのかもしれない。

どうやら、乗客の誰かが持っていた袋から白い粉を零し、それを見た他の乗客が「すわっ、サリンっ」と勘違いして騒ぎ出したのが発端であったという。それを聞いた他の乗客により車内の非常ボタンが押されたが、京葉線は高架なので電車は新木場駅まで走った。そして、新木場駅に到着すると、直ちに全乗客が降ろされた。駅から警察に事件が通報され、「サリン騒ぎ」に発展したのである。

その後、白い粉がサリンではないと判明したため、騒ぎは収まった。

電留線に回送された電車はそのまま京葉電車区の車庫へ回送されることになり、私たちはその回送電車に乗って新浦安駅まで帰ることにした。

回送電車が電留線から出庫してきた。

私と瀧口代理が当該の車両に向かうと、その「白い粉」は手も付けられずに、ひっそりと車両の床にすまなそうに取り残されていた。

それをつくづくと見ながら、「こりゃ、どう見ても『うどん粉』だよなあ」と瀧口代理が呟いた。

私は地下鉄サリン事件を思い出しながら、じっとそれを見ていた。

事件や災害後の風評被害の恐ろしさをまざまざと知らされた一件であった。

（五） 奇跡の鉄板

ベイエリアのイベント地域を走る京葉線は、近隣に並走する鉄道がなく、一旦止まると陸の孤島になる。

平成十四年夏の昼近くに房総半島直撃の台風が上陸した。

新浦安駅でも、台風対策として昨夜から泊まり勤務の職員を増員し、地区指導センター瀧口代理をはじめ対策要員を多くして待機させた。

昼間の台風になり、間引きされた朝のラッシュが終わった頃から風雨が強くなってきた。

静岡県伊豆半島に上陸した台風は、衰えをみせず房総半島に再上陸した。刻々と入る台風情報に風雨は強くなり、電車の運行に支障が出始めて、九時過ぎから電車の運転は全面停止された。

新浦安駅には上りホームに各駅停車の電車が一本停止したままであった。その電車の乗客は数人の若者だけであった。その乗客は運転見込みが立たないので、安全のため駅会議室に移動していただき、電車内には運転士と車掌が待機していた。

駅事務室からは駅前の状況が良く見える。駅前広場には人の姿もなく、台風接近による警戒は周知されているらしい。風雨は更に激しくなり、駅事務室も風のうなりと激しさに時折ガッと音を立てて動くような怖さがあった。

さらに目を凝らして駅前を見ていると、駅前のビルの塔の先端がひらひらと暴風に煽られて動いているのが見えた。

「駅長、あのビルの塔のてっぺんの一部が剥がれてないですか？」

と、瀧口代理が言った。

駅事務室にいたほかの社員も息を飲んでそれを見ている。

そのビルは近代的な瀟洒な作りで、ビルの一部が塔となって、その先端は円錐の形をして洒落ていた。

「瀧さんも見ていたか。あれが飛んで来たら大変だなぁ……」

というと、

「あれはなんでできているんでしょうかねぇ。あんなに風にひらひらしているけど、まさか、トタン板じゃないでしょうが……」

「まあ、しっかりしたものじゃなさそうだぞ。だって、ベニヤ板のように軽々と動いているじゃないか」

と言った。

「よし、あそこのビル管理人に知らせてやろう」

と私は電話を取って、ビルの管理室に電話を入れた。しかし、ビルの管理人は、わかってはいるけど手のほどこしようがない、と嘆いているだけで、対応に苦慮しているようであった。

そのときである。突風に煽られて塔の一部が剥がれて駅の方に飛んできた。

「あぁ……、飛んできた」と見ていた社員が途方に暮れた声を上げた。

それはベニヤ板のように軽々と上空に舞い上がると、「アラジンの魔法の絨毯」よろしく駅の方に飛んできた。そのビルから駅までは百メートル近くはある。まさかここまで飛んで来ようとは思っていなかったが、「魔法の絨毯」はやすやすと駅事務室を飛び越えて行った。

「おい、電車はだいじょうぶかっ」

というと、「私が見て来ます」といって瀧口代理が腰を上げた。もともと正義感の強い男だから、こんな台風なんか目じゃない。

「いや、待て、この風雨じゃ危ないぞ」と止めると、
「このくらいは大丈夫ですよ」と、また平然と応えた。

いま、台風の真っただ中だ。このような状況では危険だ。と、一旦は止めたが、
「駅長、やっぱり、私と助役で、いま飛んできたものを確認に行ってきますよ。細心の注意を払っていきますから大丈夫です」

と言うと、用意していた雨合羽を着て出て行った。

私はビルの管理室に塔の一部が飛んだことを知らせるためにまた電話をした。だが、あちらも慌てていて、まともな返事が返ってこない。

塔の一部が飛んだことは認識していたものの、どうすることもできないでいるらしい。

しばらくすると、二人がずぶ濡れになって帰ってきた。
「駅長、大変です。飛んできたのは、ベニヤ板どころか、ぶ厚い大きな鉄板が二枚繋がったものでした。二人で動かそうとしてもびくともしません」と青い顔をしている。
「電車は？　架線は？　大丈夫か？」

もし、電車に衝撃していたら、架線が切断されたら、たいへんなことになる。
「それが……、大丈夫は大丈夫なんですがぁ……。ホームの下にまで鉄板が入り込んでいるのに、どうして大丈夫だったのかぁ……、それがわかりません」
「どうして？」
「さぁ、どうしてだか……」

しどろもどろになっている。だが、落下地点の被害は見当たらない、という。

「いま、台風が通過中だ。最も激しい時だから通過するまで待とう」

といった。

電車の運転はいま直ぐには見込みが立たない。全線の安全の確認をしてから電車の運転は再開になる。まだ、時間はある。

その後一時間ほどすると、やや暴風雨の落ち着きが出てきた。それでもまだ風は強い。

「そろそろ、鉄板処理にいってみるか」

と声をかけると、

「最低、六人の社員が必要です。それほど大きいですから」と滝口代理が言った。

人数を揃えて行ってみると、下り本線の蘇我方のホーム下に、厚さ二センチほどの鉄板二枚が滑り込むようにしてあった。

「どうしてここに……」

架線に触れた形跡はない。ホーム屋根にも損傷の気配がない。線路上にも、またその付近にも破損個所が見当たらない。どうしてここに入り込んだのか判然としない。我々はしばらく鉄板を凝然として見つめていた。

飛んできたのは繋がった鉄板二枚。多分、新浦安駅上空まで飛んできて、風が止んだ瞬間に偶然にも一枚目が架線とホーム屋根の五十センチほどの間に飛び込むようにして落ち込み、繋がっている二枚目がそれに吸い込まれるようにしてホーム下に落ちて行ったのか、あるいはまずホーム擁壁近くに落ち、それからホーム下に落ちたのかもしれない。

いずれにせよ、ホームにもレール上にも破損したような個所がなかった。ベニヤ板六枚ほどの大きさである。

これほど大きな鉄板が飛んできても破損個所が一つもないことは奇跡である。運がよかった。もし、架線に当たって切れてしまったら、その修復に半日はかかる。そうなれば、京葉線は台風が過ぎても運転ができないことになっていた。冷や汗と安堵が同時に胸の中に沸き上がっていた。

その鉄板をホーム下から引き揚げる作業は、六人でも重過ぎて埒が明かず、さらに二人を改札から呼び出し、八人でようやくホーム上に引き上げることができた。

翌々日、「地区駅長会議」で台風の被害報告をする際、「新浦安駅では、台風の真っただ中に、隣接ビルから飛んできた鉄板の状況確認に地区社員（瀧口代理）がずぶ濡れになって行いました」と得意満面に報告した。

すると、大川支社長から、

「ばかものっ、台風の真っただ中に大切な社員をそんな危険な目に合わせてどうするっ。架線が切れていたり、飛来物で社員にもしものことがあったら、取り返しがつかないぞっ」

と叱られた。

得意満面、天狗になって報告した鼻が見事にへし折られた。

最近のテレビでも、台風の真っただ中の生中継を見る度に、レポーターの御身を考えないのかと、支社長の言葉がその度に耳の中に残る。

新浦安駅前のビルの塔はその後、平らなものに修復された。

(六)　同姓の人身事故対応

京葉線も人身事故が発生すると他の線区同様、全線が止まる。先述のとおり京葉線は近隣に並走する鉄道が走っていないため、振替輸送もできない線区である。そうなると乗客は路線バスに僅かの望みをかけるだけになるが、その路線バスも市内を行き来する路線しかないから、他の鉄道が走っている地域まではなかなか行けない。

新浦安駅は蘇我方の二俣新町駅と市川塩浜駅も管轄する管理駅であり、この二駅の配属社員は「新浦安駅付」という肩書きで発令される。そんな市川塩浜駅に、私と同じ「吉野」姓の社員が配属されていた。

ある日の午後、地区駅長会議に出席するため私服のスーツに着替えていた私が、下り電車に乗ろうとした矢先に市川塩浜駅で人身事故が発生した。

隣りの被管理駅での人身事故だけに人手も少なく電車はなかなか動かない。

それでも市川塩浜駅では、駅前にある警察署の本署の署員が多く出動してくれて救出作業が行われているという。

そのとき、新浦安駅に停まっている電車は、後続の新浦安駅と舞浜駅の中間に停まっている電車の救済のため、市川塩浜駅手前まで運転するという情報が入った。

急いで下りホームに上がり、下り電車の運転士に「新浦安駅長ですが、市川塩浜駅の人身事故対応にいくので、最寄りの箇所まで乗務員室に乗せてほしい」と、私が添乗用の腕章を見せると、「わかりました。市川塩浜駅の場内信号機手前まで運転します」と言って乗せてくれた。

市川塩浜駅を目の前にして、場内信号機は停止信号を現示している。

私はそこで運転台から降りて、線路伝いに市川塩浜駅に向かった。ホーム末端から上がり、ホーム先端に向かうと、市川塩浜駅を発車したばかりで止まっている当該電車の付近に、警察官と救急隊員がわんさかとしている。

漸くホームに死傷者を収容したばかりのようである。

「新浦安駅長です。どのような状況でしょうか」

と聞くと、顔見知りの警察官が、

「いま現場検証を終えたばかりです。もう少しで運転しても大丈夫です。間もなく全体の確認作業を終えますので、もう少しお待ちください」

と教えてくれた。

私は持っていた携帯電話で輸送指令を呼び出した。

「はい、京葉指令○○です」と京葉指令が電話に出た。

「新浦安駅長の吉野ですが、間もなく運転再開できそうです。運転再開の準備をお願いします」

「えっ、新浦安の吉野さん、さっき市川塩浜の吉野さんからまだ運転できそうにないという連絡があったばかりですが……。その吉野さんじゃないの」

「私は初めて電話しましたが……」

今度は私が戸惑う。

「えっ、吉野さんて、どの吉野さん？」

「駅長の吉野ですが……」

「駅社員の吉野さんじゃないの？」

「駅長の吉野です」

「さっき話した吉野さんは、駅社員の吉野さんなんですね」

「そう、あっちは駅社員の吉野、こっちは駅長の吉野」

「わかりましたぁ、じゃあ、運転再開の準備をしていいんですね」

こうして、人身事故の運転を再開した。

支社の地区現場長会議に出席した私は、運転部長から「なんだか紛らわしいやりとりがあったようですなあ」と笑われた。

私の鉄道人生もなんだかややこしい人生で終わった。


この出来事がトラブルや事故に遭遇した最後となり、平成十五年八月三十一日付けで東日本旅客鉄道会社を退職した。

実際にはそれ以前の七月一日に関連会社に出向していた私は、それまでの鉄道マンとは畑違いの職種で第二の人生を歩むことになったが、それはまた別の物語である。

終

あとがき

先年、国鉄文学会時代から書きためてきた小説を『鉄路に咲く』として上梓したばかりの私は、「鉄道員だった頃の話を書いてみたら？　それもノンフィクション。自分が仕事をしていた時の思い出話を集めてみたら面白いのでは？」

と、愚息から提案された。

そして、まったく何もない状態から筆を取りはじめたのだが、そう言われれば、あんなこともこんなこともあったなぁ、と走馬灯のように湧き上がってきた。

ただ、なにしろ今から半世紀（五十年以上）も前の話だから、しっかりと鮮明に覚えているものとうろ覚えのものがある。それに、どちらかというと苦労したときの想い出ばかりが浮かび上がって、楽しかった時のことはあまり思い出せない。悔しい思いをしたときや情けなかったときのことばかりが思い出される。

しかし、そのようなことを乗り切ってきたからこそ今があるのかもしれない。悔しい思いは幾度とあった。支社からある駅長に転勤する送別会の席上で、出席してくれたT総務部長から「『尻尾を振る犬は可愛い』、お前はそんなところがないから転勤だ」と面と向かって言われた時にはショックを受けたが、それも一時的で、そんなことは屁とも思わなかった。

そう思ってみると、人生そう見くびったものではない。

理屈ばかりをいう人もいた、役職を笠に着た人もいた。正道ばかりを御経のように唱えていた人もいた。そして、それが閉鎖的になり友人知人をなくしてしまう人生を何人も見てきたが、謙虚に、そして信念を持って生きていれば人生は捨てたものではないようだ。

『待てば海路の日よりあり』ともいう。

必ず花開く時がくる。私が左遷させられて、したたかにへこんでいた時、先輩から『人事を尽くし天命を待つ』の書が送られてきた。そんなにへこむな、人生何事も一生懸命やっていればいつか報われる、と言いたかったのだろう。

もっとも、そのあと送られてきたのは『春眠暁を覚えず』の一節が書かれた掛け軸で、「いつまでも寝惚けてんじゃねぇ」と言われたようであった。

半世紀の苦労があるからこそ、いま友人知人を多く得ることができたと思っている。人間の付き合いなんてそう広くない。だから「一期一会」ではないが、ひょんなとき懐かしい人と会うとなぜかホッとするのは、そのためだろう。その旧知が心の拠り所となるのかも知れない。

さて、著者の勤務していた期間から現在に至るまでの長い年月を経て、勤務上の呼称、用語や場所の呼び方も違ってきている。

例えば、本文中にも記述したように鉄道利用客を「お客さま」と呼ぶようになったのは国鉄民営化の前後からのことである。そのほかにも多々あるが、文中では極力、当時の文言や価値観をそのままに記すようにしているので、現在では不適切と思われる表現がある点はどうかご容赦願いたい。

また、その時の上司、先輩（ここにご登場いただいた何人かは、何の因果か、いまもご指導いただいている）、そして、同僚の名前はそのまま使わせていただいたが、ちょっぴり問題があったり、その方に心外、迷惑などと思われそうな場合はイニシャルでご登場していただいた。

なお、文中、人身事故を取り扱ったものが多く登場する。これはその悲惨さと残された家族の悲しみを是非知って欲しいからである。誤って転落してしまうケース（これは駅ホームドアの設置で将来的には無くなるであろう）もあるが、自ら死を選ぶことは絶対にしてはならない。

鉄道員として、また社会人としての約半世紀を終えた今、つくづく小生には鉄道人生しかなかったということと、鉄道員として勤務できたことの感謝のみが残る。

台風や災害の時、一家の長が家にいてほしい時に、何日も家を空けたことや土曜、日曜日でも出勤していたことを反省するが、おおらかに成人していった息子たちに感謝とともに、彼らを一人前に育ててくれた伴侶を得たことにも感謝である。

そして末筆ながらこの本を最後までお読みいただいた皆様、またこの度、このような機会を与えていただいたアルファベータブックスの皆様にも心から感謝を申し上げげます。

二〇二二年七月吉日

吉野孝治

著者略歴

昭和 21 年 8 月	千葉県勝浦市に生まれる
昭和 40 年 4 月	日本国有鉄道に入社
昭和 44 年 3 月	千葉車掌区車掌を拝命
昭和 54 年 8 月	千葉鉄道管理局総務部人事課課員を拝命
平成 5 年 2 月	千葉駅副駅長を拝命
平成 7 年 3 月	両国駅長を拝命
平成 9 年 10 月	新小岩駅長を拝命
平成 12 年 2 月	新浦安駅長（地区駅長）を拝命
平成 15 年 8 月	東日本旅客鉄道　退社

主な創作歴

昭和 48 年	処女作「船乗り」が国鉄文芸年度賞　佳作
昭和 49 年	「行商人」が国鉄文芸年度賞　佳作
昭和 51 年	「船溜まり」第 19 回千葉文学賞　三席入賞
昭和 51 年 10 月	槇の会　発足同人
昭和 55 年	「夏の日」国鉄文芸年度賞　三席
昭和 58 年 2 月	「走行」国鉄文芸年度賞　一席 のちに「軋む音」に改題
昭和 59 年 4 月	国鉄文学会　事務局長
昭和 59 年 11 月	「火焔」発表
昭和 63 年 10 月	「冬の夕陽」発表
平成 27 年 3 月	「茜雲」東日本鉄道文芸年度賞　優秀賞 槇の会　同人退会
平成 28 年 10 月	「秘密」発表
令和元年 3 月	小説集『鉄路に咲く』上梓

ああ、鈍行鉄道人生　昭和・平成の鉄道員泣き笑い記

発行日　2022年8月26日 初版第1刷

著　者　吉野孝治

発行人　春日俊一
発行所　株式会社アルファベータブックス
〒102-0072 東京都千代田区飯田橋2-14-5 定谷ビル
Tel 03-3239-1850 Fax 03-3239-1851
website https://alphabetabooks.com
e-mail alpha-beta@ab-books.co.jp
カバーデザイン　株式会社ACQUA
印　刷　株式会社エーヴィスシステムズ
製　本　株式会社難波製本
用　紙　株式会社鵬紙業

ISBN 978-4-86598-101-8　C0026